Hanna Müller-Heer
Dirk Lehmann

200 Physikübungen
wie in der Schule 7 – 10

Klett Lerntraining

Hanna Müller-Heer ist Gymnasiallehrerin für Physik, Mathematik und NwT in Baden-Württemberg.

Dirk Lehmann ist Gymnasiallehrer für Physik, Mathematik und NwT in Baden-Württemberg.

Bildquellennachweis:

S. 94 iStockphoto (Arman Davtyan), Calgary, Alberta; S. 100 Imago, Berlin.

Sollte es im Einzelfall nicht gelungen sein, den korrekten Rechteinhaber ausfindig zu machen, so werden berechtigte Ansprüche selbstverständlich im Rahmen der üblichen Regelungen abgegolten.

Bibliografische Information der Deutschen Nationalbibliothek
Die Deutsche Nationalbibliothek verzeichnet diese Publikation in der Deutschen Nationalbibliografie; detaillierte bibliografische Daten sind im Internet über http://dnb.dnb.de abrufbar.

11. Auflage 2025

© PONS Langenscheidt GmbH, Stöckachstraße 11, 70190 Stuttgart 2012
Alle Rechte vorbehalten.
www.klett-lerntraining.de/kontakt
Redaktion: Jürgen Grimm, Braunschweig
Umschlagfoto: Klett-Archiv, Stuttgart; Fotograf: www.thomas-weccard.de
Satz: DTP-Studio Andrea Eckhardt, Göppingen
Druck: Multiprint Ltd., Kostinbrod
Printed in Bulgaria
ISBN 978-3-12-927245-9

INHALTSVERZEICHNIS

So übst du mit dem Buch   **4**

Liebe Schülerin, lieber Schüler,

das kennst du bestimmt: Du sollst eine Physikaufgabe lösen und weißt einfach nicht wie.
Dir rennt die Zeit davon und du hast noch nicht einmal einen Ansatz auf dem Papier stehen.
Eine sehr unangenehme Situation, die aber absolut vermeidbar ist.
Denn das Lösen von Physikaufgaben ist eine Sache der Übung.

Dieses Buch bietet dir alles, was du für ein **zielgerichtetes** und **erfolgreiches** Training brauchst. 200 abwechslungsreiche Aufgaben aus allen wichtigen Gebieten der Physik helfen dir bei einer perfekten Vorbereitung auf den nächsten Test oder die nächste Leistungsüberprüfung.

In zwei großen Kapiteln, geordnet nach den Klassen 7/8 und 9/10, werden **alle wichtigen Themen**, es sind insgesamt 13, berücksichtigt. Du kannst also bequem das Thema auswählen, mit dem ihr euch gerade in der Schule beschäftigt und zu diesem Thema das Lösen von Aufgaben trainieren. Du findest sowohl Aufgaben, die eine rechnerische Lösung erfordern, als auch solche, bei denen es um physikalische Überlegungen und Begründungen geht. **Ausführliche Lösungen** helfen dir, deine Ergebnisse selbstständig zu überprüfen.

Beachte bitte, dass bei den rechnerischen Lösungen mit den nicht gerundeten Werten bis zum Endergebnis gerechnet wurde. Bei manchen Lösungen sind gerundete Zwischenergebnisse angegeben.

Schlechte Noten in Physik? Das war einmal, das wirst du bald sehen!

Viel Erfolg und Freude beim Üben wünschen dir
deine Redaktion Klett Lerntraining, deine Autorin und dein Autor!

Aufgabennummer
Die Aufgaben sind von 1 – 200 durchnummeriert. Ausführliche Lösungen findest du unter der jeweils gleichen Nummer ab S. 110.

Thema
Hier siehst du das Thema, zu dem die Aufgaben gehören.

Diese Zeile gibt an, was du in dieser Aufgabe übst.

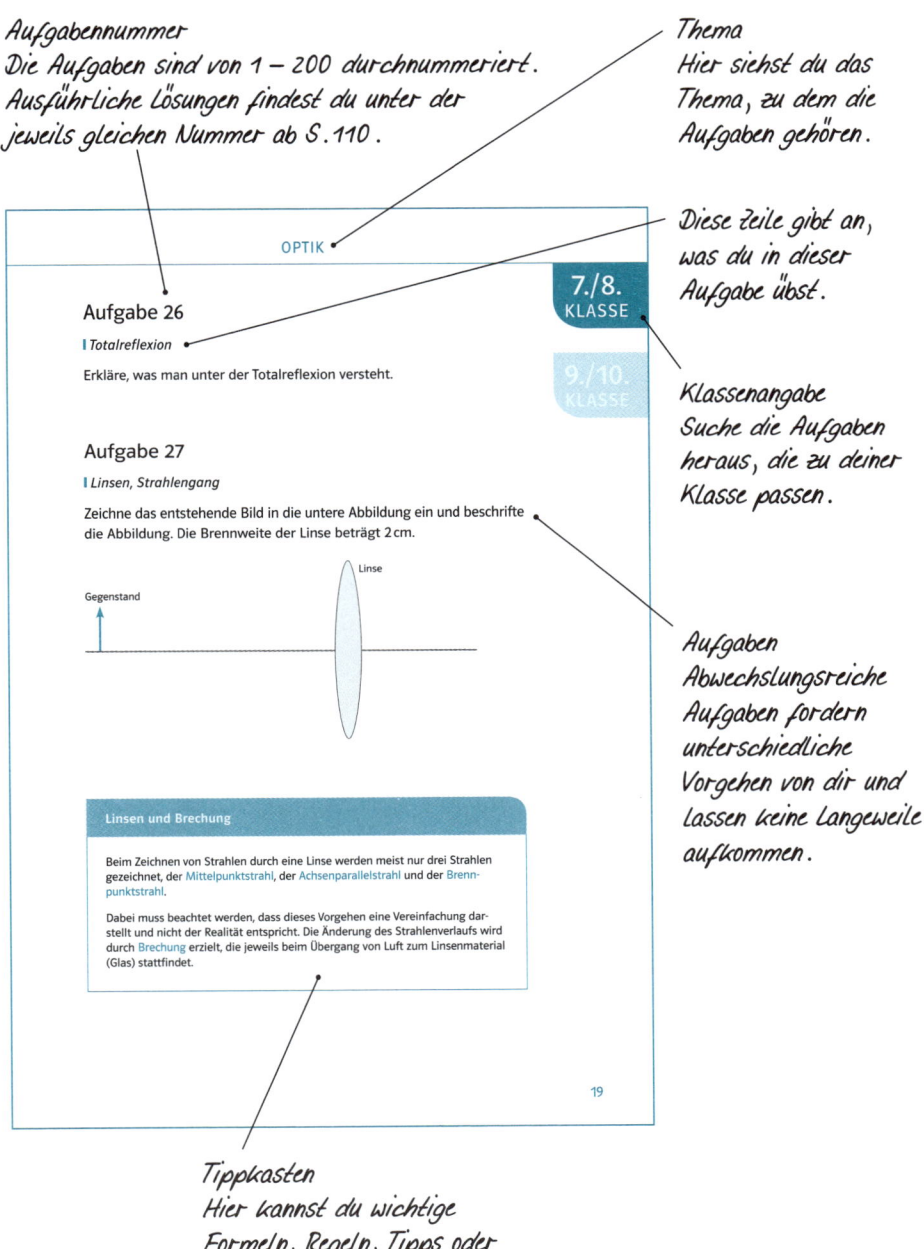

OPTIK

Aufgabe 26

❚ *Totalreflexion*

Erkläre, was man unter der Totalreflexion versteht.

Aufgabe 27

❚ *Linsen, Strahlengang*

Zeichne das entstehende Bild in die untere Abbildung ein und beschrifte die Abbildung. Die Brennweite der Linse beträgt 2 cm.

Linse

Gegenstand

7./8. KLASSE

9./10. KLASSE

Linsen und Brechung

Beim Zeichnen von Strahlen durch eine Linse werden meist nur drei Strahlen gezeichnet, der Mittelpunktstrahl, der Achsenparallelstrahl und der Brennpunktstrahl.

Dabei muss beachtet werden, dass dieses Vorgehen eine Vereinfachung darstellt und nicht der Realität entspricht. Die Änderung des Strahlenverlaufs wird durch Brechung erzielt, die jeweils beim Übergang von Luft zum Linsenmaterial (Glas) stattfindet.

19

Klassenangabe
Suche die Aufgaben heraus, die zu deiner Klasse passen.

Aufgaben
Abwechslungsreiche Aufgaben fordern unterschiedliche Vorgehen von dir und lassen keine Langeweile aufkommen.

Tippkasten
Hier kannst du wichtige Formeln, Regeln, Tipps oder Hilfestellungen nachlesen.

7./8.
KLASSE

7./8.
KLASSE

9./10.
KLASSE

Aufgabe 1

❙ *Schallausbreitung*

Wie breitet sich Schall aus?

Aufgabe 2

❙ *Schallausbreitung, Vakuum*

Schall benötigt zur Ausbreitung einen Schallträger (ein Medium). Beschreibe einen Versuch, mit dem gezeigt werden kann, dass sich Schall im Vakuum nicht ausbreitet.

Aufgabe 3

❙ *Fadenpendel, Periodendauer, Frequenz*

Bei einem Fadenpendel hängt ein Massestück an einem Faden, der an seinem oberen Ende aufgehängt ist, sodass der Faden mit dem Massestück hin und her schwingen kann. Katja misst die Zeit für 15 Schwingungen. Sie führt das Experiment insgesamt dreimal durch und notiert ihre Messwerte in einer Tabelle.
Fülle die fehlenden Zellen in der Tabelle aus.

Gemessene Zeit t [s]	10,95	10,80	11,10
Periodendauer T [s]			
Frequenz f [Hz]			

Aufgabe 4

❚ *Schwingungsbilder von Tönen*

Zeichne die Oszilloskopbilder, die bei einem Frequenzgenerator
mit unterschiedlichen Einstellungen entstehen, in dasselbe Diagramm:
1. leiser und hoher Ton, 2. lauter und tiefer Ton.
Beschreibe und erkläre die Unterschiede der beiden Schwingungsbilder.

Aufgabe 5

❚ *Mikrophon, Schwingungsbilder*

Mit einem Mikrophon wird ein Pfeifton erzeugt, der mit einem Oszilloskop dargestellt wird (siehe Zeichnung). Die Zeitachse des Oszillos-
kops ist so eingestellt, dass 1 Zentimeter 1 Millisekunde entspricht.

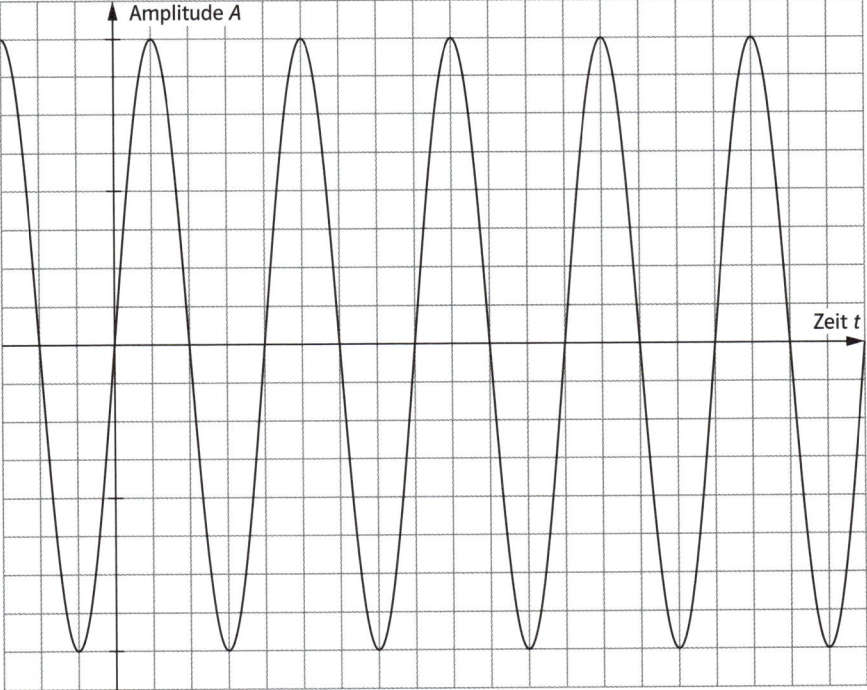

Welche Frequenz hat der Ton?
Zeichne das Bild eines Tons, der dieselbe Frequenz hat wie dieser Pfeifton, jedoch leiser ist.

Aufgabe 6

❙ Ton, Klang, Geräusch

Wie unterscheiden sich die Oszilloskopbilder eines Tons, eines Klangs und eines Geräuschs voneinander?
Zeichne jeweils ein Oszilloskopbild.

Aufgabe 7

❙ Töne, Oktaven

Der Kammerton a hat eine Frequenz von 440 Hz.
Welche Frequenz hat der um eine Oktave tiefere Ton, welche der um eine Oktave höhere Ton?

Schallgeschwindigkeit

Die Geschwindigkeit von Schall ist von dem jeweiligen Trägermedium und der Temperatur abhängig und kann stark variieren.

Medium	Luft	Glas	Plexi-glas	Wasser	Meer-wasser
Schallgeschwindigkeit in $\frac{m}{s}$ bei 20 °C	343	5300	2670	1484	1500

Die Schallgeschwindigkeit in einem Medium kann berechnet werden, indem die Ausbreitungszeit für eine bestimmte Strecke bekannt ist.
Der Quotient von Strecke und Zeit entspricht der Schallgeschwindigkeit.

Aufgabe 8

❙ Schallgeschwindigkeit

Bei einem Gewitter sieht man zuerst den Blitz und hört etwas verzögert den Donner.
Berechne die Entfernung des Gewitters, wenn zwischen Blitz und Donner 2,5 s vergehen.

Aufgabe 9

I *Schallgeschwindigkeit, Echo*

Wie lange dauert es, bis man das Echo von einer steilen Felswand hören kann, wenn man 200 m vor der Wand in die Hände klatscht?

Aufgabe 10

I *Lochsirene*

Bei einer Lochsirene befinden sich auf einer Kreisscheibe Bohrungen in gleichem Abstand. Wird die Kreisscheibe mit einem Luftstrom angeblasen, so wird dieser durch die Löcher hindurch gelassen und dazwischen unterbrochen. Dadurch wird ein Ton erzeugt.
Wie viele Löcher hat eine Lochsirene, die sich 20-mal in einer Sekunde dreht und einen Ton von 2200 Hz erzeugt?

Aufgabe 11

I *Echolot, Laufzeit*

Mit einem Echolot kann die Meerestiefe gemessen werden.
Die Laufzeit entspricht der Zeit vom Sender zum Meeresboden und wieder zurück zum Empfänger.
Wie tief ist das Meer, wenn eine Laufzeit von 0,52 s gemessen wird?

7./8.
KLASSE

9./10.
KLASSE

Aufgabe 12

❚ *Hörbereich*

In welchem Frequenzbereich kann der Mensch hören?
Wie nennt man den Bereich mit geringeren bzw. höheren Frequenzen?

Aufgabe 13

❚ *Lärm, Dezibel*

Bei einem Rasenmäher wird eine Lautstärke von 70 dB gemessen.
Karl behauptet: „Bei zwei dieser Rasenmäher kann also eine Lautstärke
von 140 dB gemessen werden!" Was sagst du dazu?

Aufgabe 14

❚ *Körperbau, Hörsinn*

Der Mensch (und auch alle Tiere) haben zwei Ohren.
Warum ist das notwendig?

Aufgabe 15

❚ *Nachhall*

Was versteht man unter dem sogenannten „Nachhall"?

Aufgabe 16

❚ *Kernschatten, Halbschatten*

Ein runder Metallzylinder wird von zwei Lichtquellen beschienen.
Zeichne Kernschatten und Halbschatten in die Skizze ein.

Lichtquelle 1

Metallzylinder

Lichtquelle 1

Aufgabe 17

❚ *Mondfinsternis, Sonnenfinsternis*

Erkläre die Entstehung von Mond- und Sonnenfinsternissen.
Fertige jeweils auch eine Zeichnung an.

Aufgabe 18

| *Mondphasen*

Die Mondphasen kommen durch die unterschiedliche Stellung von
Sonne, Mond und Erde zueinander zustande. In der Zeichnung wird
ein Mondzyklus bei von links einfallenden Sonnenstrahlen dargestellt.
Die Position 1 zeigt, wie der Mond von der Erde aus betrachtet bei
dieser Konstellation aussieht.
Skizziere für die anderen Stellungen das Bild des Mondes, wie es von
der Erde aus zu sehen ist.

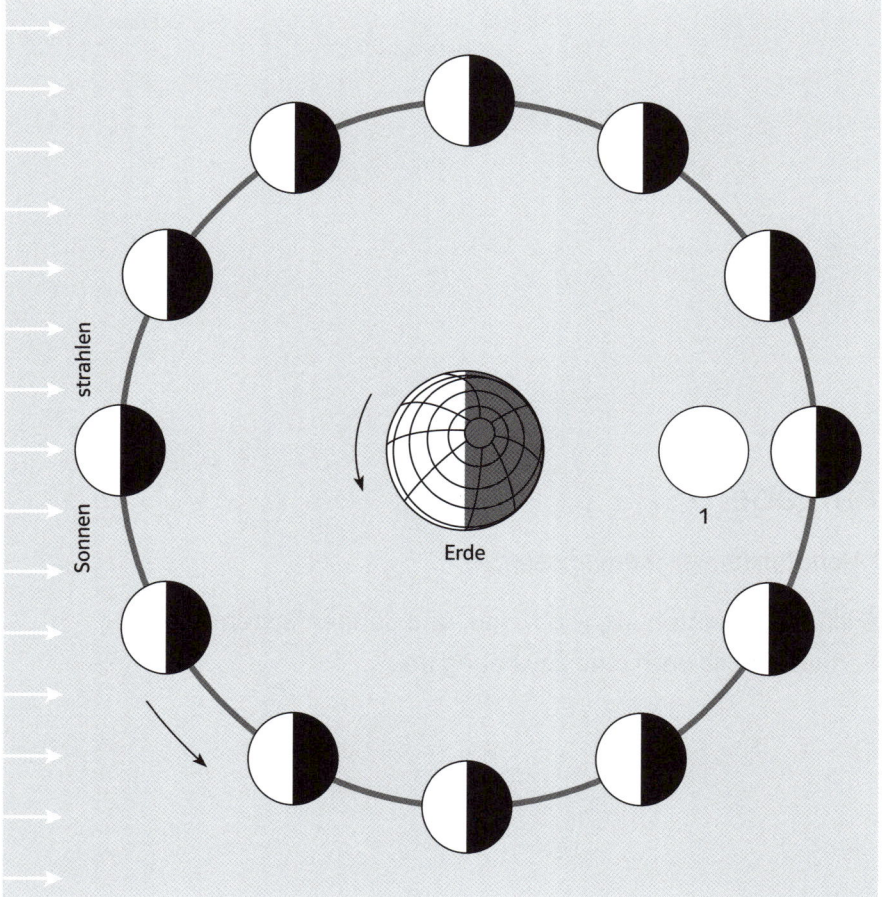

Aufgabe 19

❙ *Lochkamera*

a) Beschreibe den Aufbau und die Funktionsweise einer Lochkamera.

b) Zeichne das Bild, das mithilfe einer Lochkamera entsteht, wenn durch diese ein Baum betrachtet wird und beschrifte die Zeichnung.

Aufgabe 20

❙ *Reflexion, Spiegel*

Welche Größe muss ein ebener Spiegel mindestens haben, und in welcher Höhe muss er auf der Linie aufgehängt werden, damit das Männchen sich ganz im Spiegel betrachten kann?

Aufgabe 21

I *Reflexion, Spiegel*

Parallel einfallendes Licht trifft auf einen Kugelspiegel, einen Parabol-spiegel und einen nach außen gewölbten Spiegel.
Zeichne für jedes Bild den Strahlenverlauf bei der Reflexion ein.

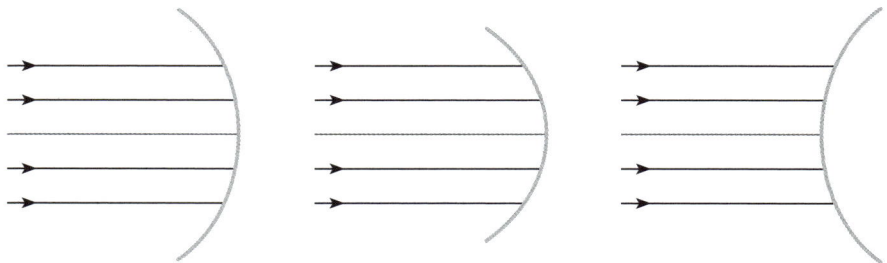

Aufgabe 22

I *Brechung*

Erkläre, was man unter der Brechung versteht.

Aufgabe 23

I *Brechung*

Beschreibe einen Versuch, mit dem man die Brechung von Licht demonstrieren kann.

Aufgabe 24

I *Prisma, Brechung*

Auf ein gleichseitiges Prisma aus Kronglas fällt Licht in einem Winkel von 60°.
Zeichne den Strahlenverlauf ein, bis das Licht das Prisma wieder verlässt.

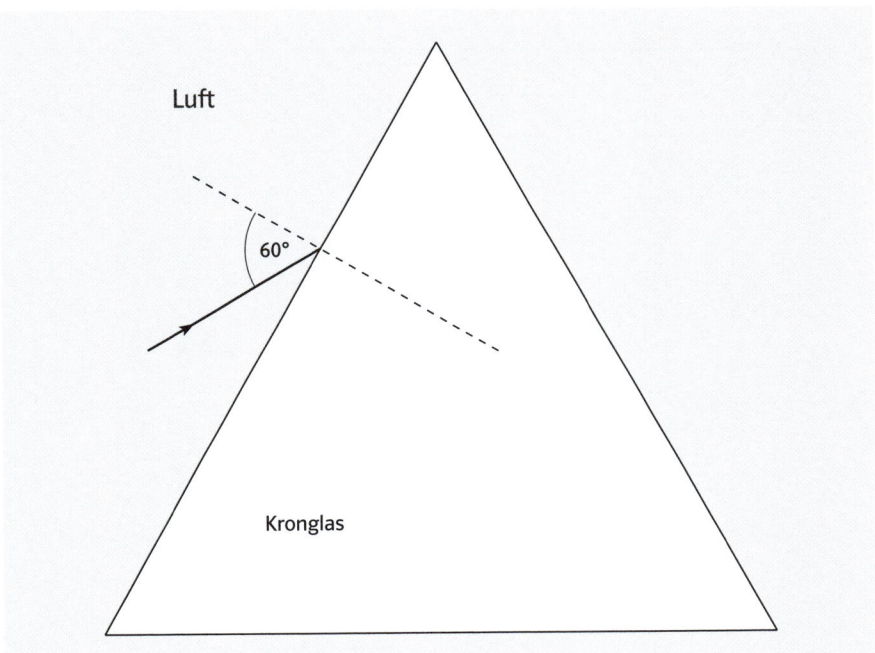

Luft

60°

Kronglas

Luft – Kronglas

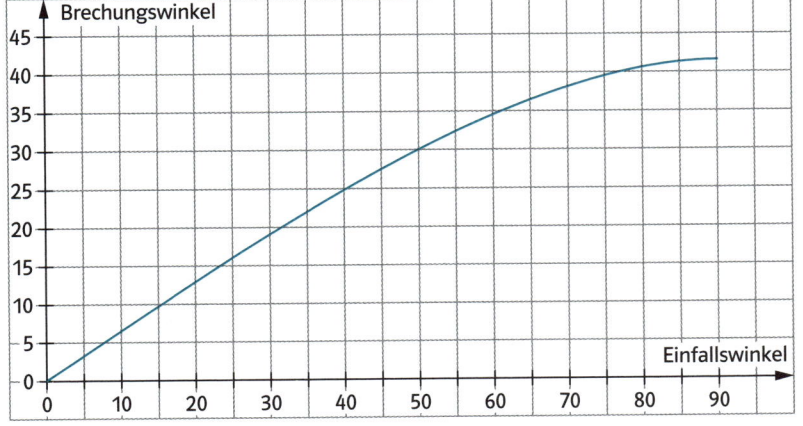

Aufgabe 25

I *Brechung, Reflexion*

In der dargestellten Versuchssituation trifft ein Lichtstrahl schräg auf eine Wasseroberfläche. Auf dem Boden des Wasserbehälters liegt ein Spiegel, der das Licht reflektiert.
Zeichne den Strahlenverlauf im Wasser und bis zum Auftreffen auf die Decke direkt in das Bild ein.

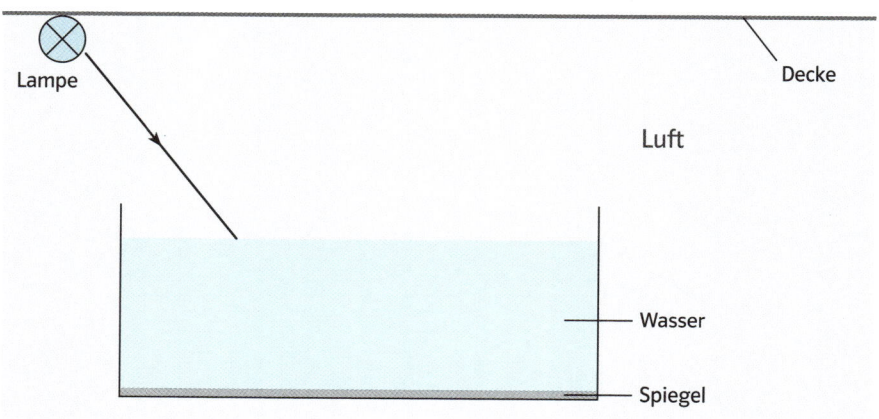

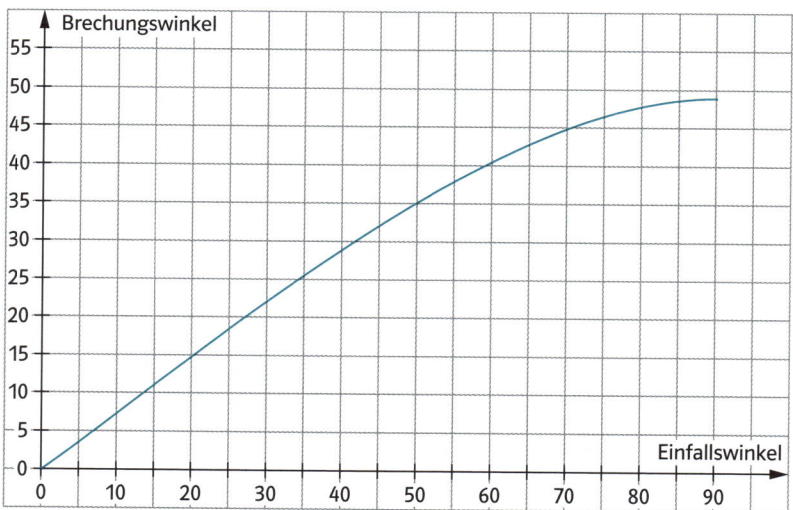

Luft – Wasser

Aufgabe 26

| *Totalreflexion*

Erkläre, was man unter der Totalreflexion versteht.

Aufgabe 27

| *Linsen, Strahlengang*

Zeichne das entstehende Bild in die untere Abbildung ein und beschrifte die Abbildung. Die Brennweite der Linse beträgt 2 cm.

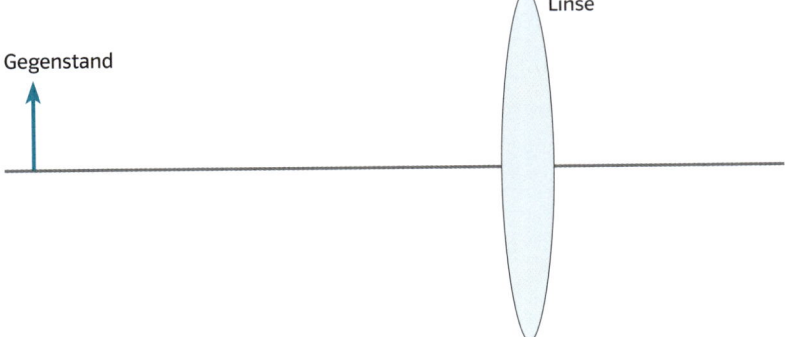

Linse

Gegenstand

Linsen und Brechung

Beim Zeichnen von Strahlen durch eine Linse werden meist nur drei Strahlen gezeichnet, der Mittelpunktstrahl, der Achsenparallelstrahl und der Brennpunktstrahl.

Dabei muss beachtet werden, dass dieses Vorgehen eine Vereinfachung darstellt und nicht der Realität entspricht. Die Änderung des Strahlenverlaufs wird durch Brechung erzielt, die jeweils beim Übergang von Luft zum Linsenmaterial (Glas) stattfindet.

7./8. KLASSE

9./10. KLASSE

Aufgabe 28

❘ *Linsen*

a) In welcher Entfernung von der Linse ist die Bildgröße eines Gegenstands bei einer Sammellinse größer und wann kleiner als die
   Gegenstandsgröße?

b) Wird die Gegenstandsweite erhöht, so verändert sich auch die Bildgröße. Erkläre den Zusammenhang anhand einer Zeichnung.

Aufgabe 29

❘ *Linsentypen*

Zeichne eine Konvex-konkav-Linse und eine Konkav-konvex-Linse.
Gib jeweils an, ob es sich um eine Sammel- oder eine Zerstreuungslinse
handelt.

Aufgabe 30

❘ *Mikroskop*

Erkläre und zeichne den Aufbau eines Mikroskops.
Gehe dabei besonders auf die Linsenanordnung und das entstehende
Bild ein.

Aufgabe 31

| *Farben, Farbmischung*

Zwei farbige Lampen erzeugen kreisförmige Leuchtflecken auf einem
weißen Blatt Papier. Welche Farbe hat jeweils der Bereich in der Mitte?

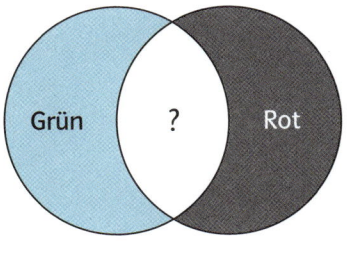

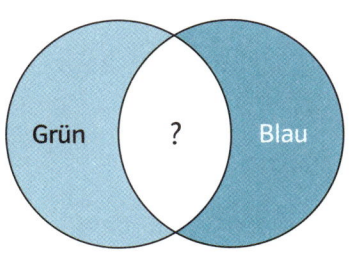

Farbkreis:

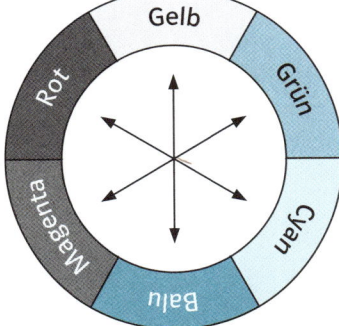

Aufgabe 32

| *Farben, Schatten*

Eine Lampe sendet grünes Licht aus. Das Licht trifft auf ein Hindernis.
In welcher Farbe erscheint der Schatten?

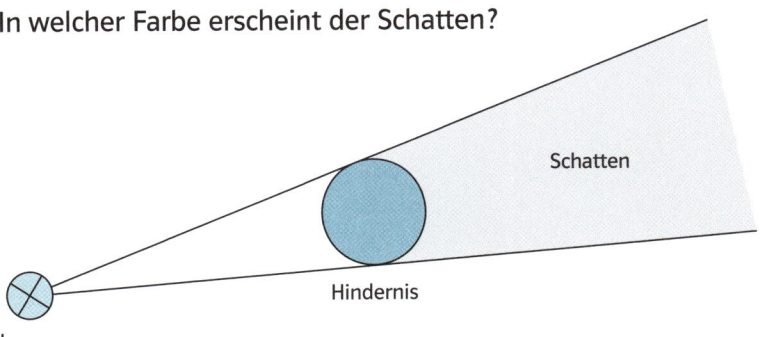

Aufgabe 33

| *Stabmagnet, Magnetfeld*

Zeichne jeweils einen Stabmagneten und einen Hufeisenmagneten mit den sie umgebenden Magnetfeldlinien. Gib auch die Richtung der Magnetfeldlinien an.

Aufgabe 34

| *Stabmagnet, Magnetfeld*

a) Zeichne zwei Stabmagneten mit den sie umgebenden Magnetfeldlinien, deren Nordpole zueinander zeigen.

b) Zeichne zwei Stabmagneten mit den sie umgebenden Magnetfeldlinien, bei denen Nord- und Südpol zueinander zeigen.

Aufgabe 35

| *Magnetische Kraft*

a) Wie kann man untersuchen, an welchen Stellen eines Stabmagneten die Anziehungskraft am größten ist?

b) Kann die anziehende Kraft eines Stabmagneten auf einen Eisennagel abgeschirmt werden?
Wenn ja, womit und wie wird sie abgeschirmt?

Aufgabe 36

I *Erdmagnetfeld, Deklination*

a) Was versteht man unter der Deklination des Erdmagnetfelds?

b) Wie kann mithilfe des Polarsterns auf der Nordhalbkugel der Erde überall die Deklination bestimmt werden?

c) Wo befinden sich die Orte mit einer Deklination von 180°?

Aufgabe 37

I *Erdmagnetfeld, Inklination*

a) Was versteht man unter der Inklination des Erdmagnetfelds?

b) Wie groß ist die Inklination am Äquator, bzw. an den Polen?

Aufgabe 38

I *Magnetische Influenz*

a) Versucht man, einen Nagel einfach so auf seine Spitze zu stellen, so wird man dies nicht schaffen. Bringt man einen Stabmagneten in einem bestimmten Abstand direkt über den Nagel, so kann man es schaffen, dass der Nagel ohne weitere Hilfsmittel stehen bleibt. Erkläre, wie das funktioniert.

b) Nähert man nun der Spitze des stehenden Nagels einen weiteren Stabmagneten von der Seite, so fällt der Nagel um. Erkläre.

Aufgabe 39

I *Permanentmagnet, Elektromagnet, Magnetisierung*

Es gibt verschiedene Arten von Magnetismus.
Man unterscheidet z. B. Permanentmagnete (Dauermagnete), Elektromagnete und magnetisierte Gegenstände.
Grenze diese drei Begriffe gegeneinander ab und gib zu jedem Begriff ein Beispiel an.

Aufgabe 40

❙ *Geschwindigkeit, Zeitverzögerung*

Bei einer Livesendung kann man oft beobachten, dass zwischen der Frage aus dem Fernsehstudio und der Antwort eine Pause auftritt.

a) Wie kommt es zu dieser Verzögerung?

b) Wie groß ist die Zeitverzögerung, wenn man annimmt, dass die Entfernung zum Nachrichtensatelliten 40 000 km beträgt?

Aufgabe 41

❙ *Geschwindigkeit*

Mit welcher Geschwindigkeit $\left(\text{in } \frac{km}{h}\right)$ muss Wasser in einer Wasserleitung mit einem Durchmesser von 3 cm fließen, damit ein Eimer mit einem Fassungsvermögen von 10 l in 8 min voll ist?

Aufgabe 42

❙ *Geschwindigkeit, Überholmanöver*

Auf Landstraßen passieren viele Unfälle. Angenommen, ein LKW (Länge 10 m) fährt mit 80 $\frac{km}{h}$ bei erlaubten 100 $\frac{km}{h}$ und wird überholt. Dabei soll davon ausgegangen werden, dass das überholende Auto 20 m hinter dem LKW zum Überholvorgang ansetzt und auch 20 m vor dem LKW wieder auf seine Spur zurückfährt.

a) Wie lange dauert der Überholvorgang, wenn die Verkehrsregeln beachtet werden?

b) Wie weit muss man mindestens frei sehen können, damit der Überholvorgang keine Gefahr darstellt?

7./8.
KLASSE

9./10.
KLASSE

Aufgabe 43

❙ *Geschwindigkeit, Diagramme*

Ein Auto beschleunigt aus der Ruhe heraus. Nach 15 Sekunden hat es eine Geschwindigkeit von $72 \frac{km}{h}$ erreicht und dabei 150 m zurückgelegt. Anschließend fährt es mit konstanter Geschwindigkeit weiter.

a) Skizziere in einem *s-t*-Diagramm den ungefähren Verlauf zwischen der 0. und der 15. Sekunde und zeichne danach den genauen Verlauf bis zur 20. Sekunde.

b) Welchen Weg legt das Auto in der Zeit zurück, in der es sich mit konstanter Geschwindigkeit bewegt?

Aufgabe 44

❙ *Geschwindigkeit, Diagramme*

Das gezeigte *s-t*-Diagramm kann in einzelne Abschnitte unterteilt werden. Gib für jeden Abschnitt an, wie der Körper sich verhält und mit welcher Geschwindigkeit er sich bewegt.

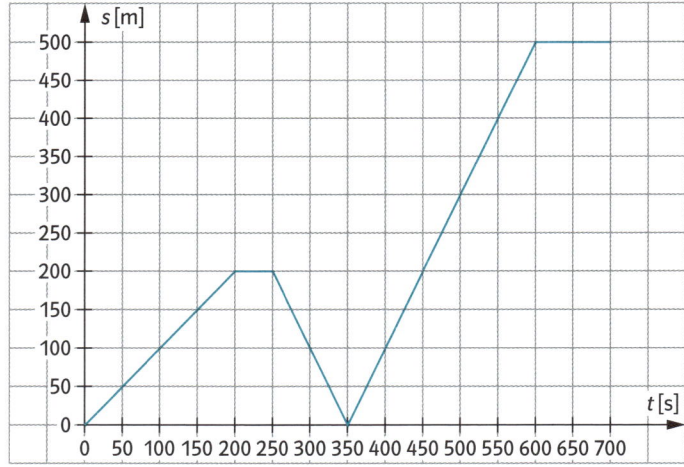

Aufgabe 45

▌*Geschwindigkeit*

Auf der Autobahn braucht ein Auto für die 30 km lange Strecke von Pforzheim nach Leonberg etwa 15 min.

a) Welche Geschwindigkeit hat das Auto?

b) Mit dieser Geschwindigkeit fährt das Auto weiter auf der A 81 bis zu einer Raststätte. Dafür benötigt es 19 min. Wie weit ist Leonberg von der Raststätte entfernt?

An der Raststätte macht der Fahrer 15 min Pause.

c) Von der Raststätte bis zur Ausfahrt sind es noch 10 km. Wie lange braucht das Auto für diese Strecke, wenn es weiterhin mit der gleichen Geschwindigkeit fährt?

d) Wie groß ist die Durchschnittsgeschwindigkeit von Pforzheim bis zur Ausfahrt?

e) Bis zum Ziel in der Stadt sind es noch 12 km.
   Die mittlere Geschwindigkeit reduziert sich dadurch auf $80 \frac{km}{h}$.
   Berechne die durchschnittliche Geschwindigkeit auf dem Weg zur Stadt.

Aufgabe 46

▌*Kraft, Kraftpfeil*

Kräfte werden mit sogenannten Kraftpfeilen dargestellt.
Welche Informationen sind in einem Kraftpfeil enthalten?

7./8.
KLASSE

9./10.
KLASSE

Aufgabe 47

❘ *Kraft*

„Kräfte erkennt man an ihrer Wirkung."

Was ist hiermit gemeint und welche Wirkungen können durch Kräfte verursacht werden?

Aufgabe 48

❘ *Gewichtskraft*

Was ist der Unterschied zwischen der Gewichtskraft eines Körpers und der Masse eines Körpers?

Kraftbegriff

In der Physik wird zwischen zwei Aspekten des Kraftbegriffs unterschieden, dem statischen und dem dynamischen Kraftbegriff.
Der statische Kraftbegriff wird verwendet, wenn alle wirkenden Kräfte im Gleichgewicht sind, sich also gegenseitig aufheben. Der Körper ändert seinen Bewegungszustand dann nicht.
Der dynamische Kraftbegriff dagegen zielt auf die Änderung des Bewegungs-zustandes ab.

7./8.
KLASSE

9./10.
KLASSE

Aufgabe 49

❘ *Kraft, Reibung*

Welche Kraft muss man aufbringen, um einen Schrank mit der Masse
80 kg auf ebenem Boden zu verschieben (Gleitreibungszahl 0,54)?
Welche Kraft ist zum Verschieben notwendig, wenn man den Schrank
auf eine rollbare Unterlage stellt (Rollreibungszahl 0,02)?

Aufgabe 50

❘ *Kraft, Federkraftmesser*

Erkläre die Funktionsweise eines Federkraftmessers.

Aufgabe 51

❘ *Kraft, Federkraftmesser*

Welche Kräfte zeigen die Federkraftmesser jeweils an?

a)

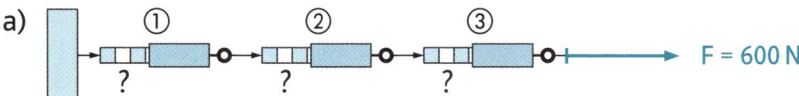

b)

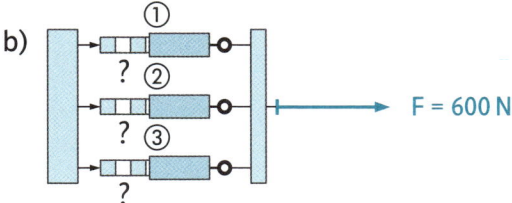

c)

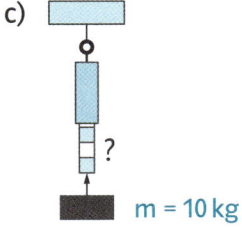

7./8.
KLASSE

9./10.
KLASSE

Aufgabe 52

I *Impuls*

Nenne fünf verschiedene Möglichkeiten, wie ein Körper einen 12-mal so großen Impuls wie ein anderer Körper haben kann, der eine Masse von 3 kg hat und sich mit einer Geschwindigkeit von 15 $\frac{m}{s}$ bewegt.

Aufgabe 53

I *Impuls*

Bei der Fußball-WM wird ein Ball der Masse 420 g benutzt. Nach einem Foul im Strafraum wird ein Elfmeter gegeben. Der Spieler zirkelt den Ball mit einer Geschwindigkeit von 35 $\frac{m}{s}$ in die rechte obere Ecke. Der Torwart kann durch einen Hechtsprung den Ball gerade noch erreichen.

a) Mit welchem Impuls trifft der Ball auf die Hände?

b) Wie groß müsste die Geschwindigkeit sein, damit der Impuls 20 $\frac{kg \cdot m}{s}$ beträgt?

Aufgabe 54

I *Impuls*

Nach der Produktion werden 10 baugleiche PKWs von einem Sattelschlepper ausgeliefert, der mit 80 $\frac{km}{h}$ fährt. Der Sattelschlepper wird von einem weiteren baugleichen PKW mit der doppelten Geschwindigkeit überholt. Der unbeladene Sattelschlepper hat die 8-fache Masse eines PKWs.
Vergleiche den Impuls des beladenen Sattelschleppers mit dem des PKWs.

Aufgabe 55

❙ *Impuls*

Ordne die folgenden Körper aufsteigend nach ihrem Impuls.
Erkläre, wie du dabei vorgehst.

- Tennisball beim Aufschlag eines Profispielers
- Fußball beim Elfmeter eines Profispielers
- geschmetterter Tischtennisball eines Profispielers
- Auto in einer Spielstraße
- Formel-1-Wagen bei Höchstgeschwindigkeit
- Fahrradfahrer mit Fahrrad bei einer Geschwindigkeit von $10 \frac{km}{h}$
- Druckluftprojektil direkt nach dem Abschuss

Aufgabe 56

❙ *Impuls, Zeit, Kraft*

Bei einem Unfall hilft ein Airbag die Verletzungen zu reduzieren.
Erkläre dieses Prinzip.

Aufgabe 57

❙ *Impuls, Zeit, Kraft*

Wenn man aus einer größeren Höhe springt, so geht man bei der
Landung automatisch in die Knie.
Erkläre, warum dies so ist.

Aufgabe 58

❚ *Impulsübertragung*

Hält man einen kleinen Flummi über einen großen Flummi des gleichen Materials und lässt beide gemeinsam los, so springt der kleine Flummi anschließend viel höher, als die Ausgangshöhe war. Erkläre wie es dazu kommt.

Aufgabe 59

❚ *Impuls, Impulsübertragung*

Ein fahrender Wagen mit einer Masse von 500 g stößt im Experiment auf einen stehenden Wagen derselben Masse.

a) Zuerst bewegt sich der linke Wagen mit $2\,\frac{m}{s}$ nach rechts.
   Mit welcher Geschwindigkeit bewegt sich der rechte Wagen nach dem Stoß weiter?

b) In einem zweiten Versuch werden Gewichtsplatten auf den linken Wagen gelegt, sodass dieser nun eine Masse von 1,5 kg hat. Zusätzlich wird ein Klettverschluss zwischen den Wagen angebracht, so dass sie sich nach dem Zusammenstoß gemeinsam fortbewegen. Berechne die Geschwindigkeit der beiden Wagen nach dem Stoß, wenn der linke Wagen wieder mit einer Geschwindigkeit von $2\,\frac{m}{s}$ auftrifft.

Aufgabe 60

❙ *Druck im Alltag, Druckdefinition*

Erkläre, wieso es dir relativ leicht gelingt, bei voll aufgedrehtem Wasserhahn, ein kleines Loch im Gartenschlauch mit dem Daumen zu verschließen, während du den Wasserhahn selbst nicht zuhalten kannst.

Aufgabe 61

❙ *Druckbegriff, Druckdefinition*

Im Inneren eines mit Wasser gefüllten Glaskolbens befindet sich ein Luftballon, der durch ein Mundstück aufgeblasen werden kann. Einmal aufgeblasen, verschließt man das Ventil am Mundstück, so dass keine Luft mehr entweichen kann. Was geschieht, wenn man anschließend den Stempel von rechts auf das Wasser drückt? Beschreibe zunächst deine Beobachtung und finde eine Erklärung.

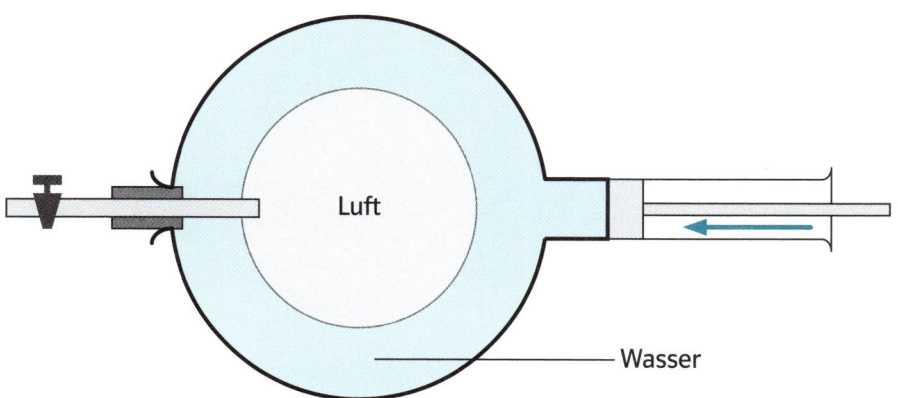

Luft

Wasser

7./8.
KLASSE

9./10.
KLASSE

Aufgabe 62

❚ *Druck, Druckberechnung*

Besonders elegante Damenschuhe zeichnen sich durch hohe, sogenannte Pfennigabsätze aus. Welchen Druck übt ein solcher Absatz auf
einen Parkettboden aus, wenn kurzzeitig das gesamte Köpergewicht
der Frau (55 kg) auf einem Absatz (0,5 cm^2) lastet?

Einheit des Drucks

Die Einheit des Drucks ist per Definition 1 Pa (Pascal). Es gilt: $1\,\text{Pa} = \frac{1\,\text{N}}{1\,\text{m}^2}$

Da dies eine sehr kleine Einheit ist, sind Einheiten wie 1 hPa
(„Hektopascal" = 100 Pa) oder 1 kPa („Kilopascal" = 1000 Pa) gebräuchlicher.

Darüber hinaus findet man auch Druckangaben in der Einheit bar.
1 bar = 1000 hPa entspricht etwa dem Normaldruck der Luft (1013,25 hPa).

Aufgabe 63

▌ *Schweredruck der Luft*

Misst man den Luftdruck mithilfe eines Barometers, stellt man fest,
dass er sich in Abhängigkeit der Höhe über der Erdoberfläche verändert.

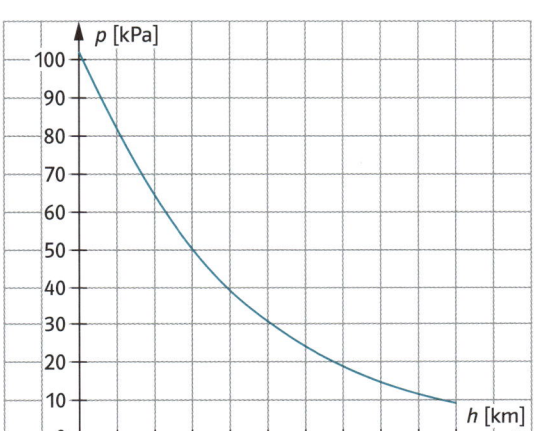

a) Wie groß ist der Druckunterschied, wenn man in einem Flugzeug
von 2 km auf 6 km steigt bzw. von 6 km auf 10 km?
Vergleiche die beiden Werte.

b) Welche Schlussfolgerung kannst du daraus über die Dichte der Luft
ziehen?

7./8.
KLASSE

9./10.
KLASSE

Aufgabe 64

I *Schweredruck von Flüssigkeiten*

Mit einem U-Boot gelangt man in große Meerestiefen. Dazu werden Tauchtanks mit Wasser geflutet, um so die Masse des Bootes zu erhöhen. Beim Auftauchen wird dieses Wasser mit Pressluft wieder aus den Tanks gedrückt.
Welchen Druck braucht die Pressluft an Bord, wenn sich das Boot in einer Tiefe von 120 m befindet?

Aufgabe 65

I *Luftdruck, Vakuum*

Mit einer Vakuumpumpe wird die Luft aus einem leeren Kanister herausgepumpt.

a) Formuliere eine Beobachtung und eine Erklärung.

b) Wie groß ist die Kraft, die bei einem Luftdruck von 1 bar auf jeden Quadratzentimeter des Kanisters einwirkt?

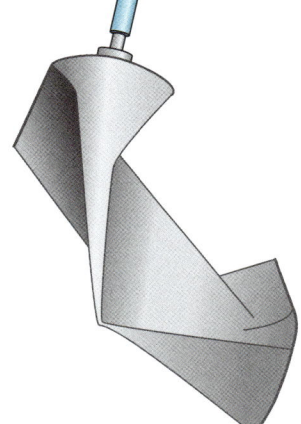

7./8.
KLASSE

9./10.
KLASSE

Aufgabe 66

I *Druck in Flüssigkeiten, Hydraulik*

Erkläre anhand der Abbildung die Funktionsweise einer hydraulischen Presse und berechne die maximale Kraft, mit der der Körper gegen den Presskopf gedrückt wird.

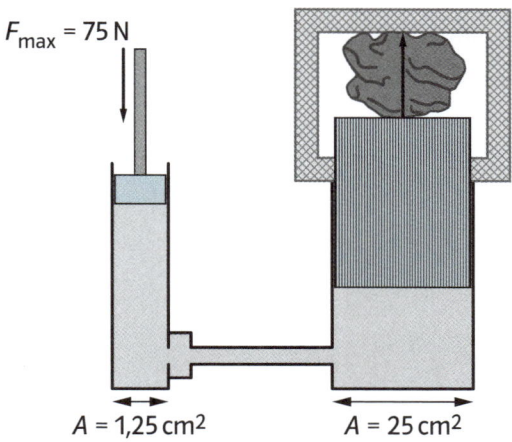

$F_{max} = 75\,N$

$A = 1{,}25\,cm^2$ $A = 25\,cm^2$

Aufgabe 67

I *Druck, Strömung*

Zwei identische Behälter sind mit unterschiedlichen Wassermengen gefüllt und mit einem Glasrohr verbunden. Öffnet man das Ventil, strömt Wasser von einem in den anderen Behälter.

a) Was lässt sich über die Strömungsrichtung sagen?

b) Wann kommt die Strömung zum Erliegen? Begründe.

c) Welche Faktoren beeinflussen die Strömungsgeschwindigkeit?

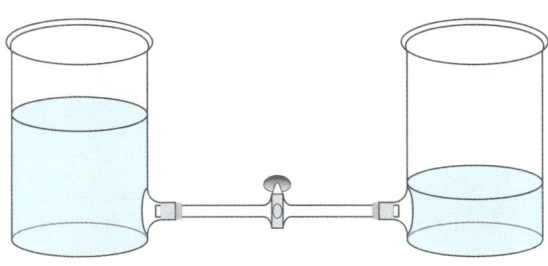

7./8.
KLASSE

9./10.
KLASSE

Aufgabe 68

I *Temperatur, Temperaturempfinden*

Matthias und Tom verbringen die Sommerferien am liebsten im Freibad. Bevor sie ins Schwimmbecken springen, gehen beide zunächst unter die Dusche. Matthias duscht sich mit kaltem Wasser ab, Tom mit heißem. Ob das der Grund ist, weshalb sie beim ersten Sprung ins Becken so unterschiedlich reagieren?
Wie fühlt sich das Wasser im Schwimmbecken für die beiden Jungen an? Begründe.

Aufgabe 69

I *Temperatur, Temperaturmessung*

Beschreibe, wie man aus einem Thermometergefäß mit dünnem Steigrohr, einer daran befestigten (unbeschrifteten) Skala, sowie einem Gefäß mit Eiswasser und einem Gefäß mit siedendem Wasser ein funktionsfähiges Thermometer herstellen kann.

Aufgabe 70

❚ *Thermische Eigenschaften von Flüssigkeiten*

Tankwagen, die Heizöl oder Treibstoffe transportieren, sind mit soge-
nannten Grenzwertgebern ausgestattet.
Warum sind diese so eingestellt, dass beim Einfüllen der Flüssigkeit ein
Zehntel des Tankvolumens frei bleibt?

Aufgabe 71

❚ *Thermische Eigenschaften von Festkörpern*

Festkörper dehnen sich beim Erwärmen aus und ziehen sich beim
Abkühlen wieder zusammen.
Suche nach Beispielen aus deiner Umwelt, wo du dieses Verhalten
beobachten bzw. erkennen kannst.

Aufgabe 72

I *Thermische Eigenschaften von Gasen*

Die Abbildung zeigt die schematische Darstellung des Modells eines Thermostatventils, wie es an vielen Heizkörpern in Wohnhäusern zu finden ist.
Erkläre mithilfe dieses Modells die Funktionsweise eines Thermostatventils.

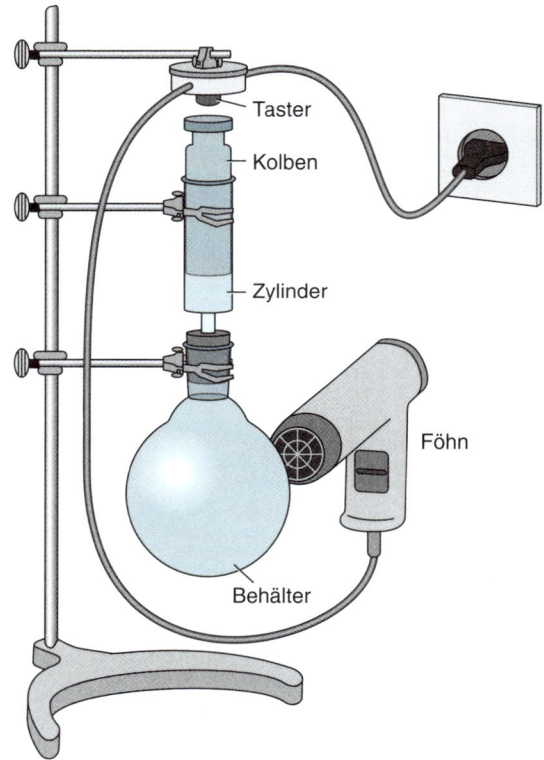

Aufgabe 73

❙ *Thermische Eigenschaften von Festkörpern, Bimetalle*

Erkläre die Funktionsweise der abgebildeten Schaltung.
Könnte man an Stelle des Eisen-Zink Bimetalls auch einen Streifen aus
Aluminium und Eisen einsetzen? Begründe.

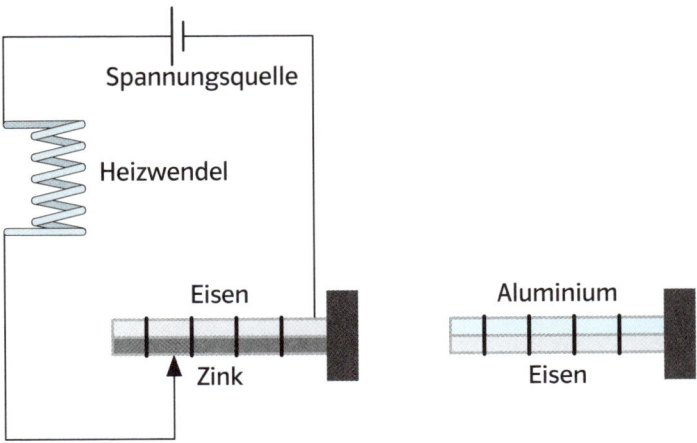

Längenausdehnungskoeffizienten von Festkörpern

Der Längenausdehnungskoeffizient α gibt an, um welche Länge Δl (in mm)
sich ein 1 m langer Stab bei einer Temperaturerhöhung von 1 K ausdehnt.

$$\alpha_{Eisen} = 0{,}012\,\frac{mm}{m \cdot K} \qquad \alpha_{Zink} = 0{,}026\,\frac{mm}{m \cdot K} \qquad \alpha_{Alu} = 0{,}024\,\frac{mm}{m \cdot K}$$

7./8.
KLASSE

9./10.
KLASSE

Aufgabe 74

Ⅰ *Anomalie des Wassers*

Füllt man den Deckel einer Wasserflasche mit heißem Wachs und den Deckel einer anderen Flasche mit Wasser und stellt beide anschließend für einige Zeit in ein Gefrierfach, macht man eine erstaunliche Beobachtung: Das erstarrte Wachs ist nach innen gewölbt, während das Eis eine Wölbung nach außen aufweist.

Was kann man daraus über die Eigenschaften von Wasser / Eis schließen? Wieso spricht man in diesem Zusammenhang von einer „Anomalie des Wassers"?

Längenausdehnungen von Festkörpern, Flüssigkeiten und Gasen

Festkörper, Flüssigkeiten und Gase dehnen sich beim Erwärmen aus und ziehen sich beim Abkühlen wieder zusammen. Die Ausdehnung ist in den einzelnen Aggregatzuständen aber sehr unterschiedlich.

Ein 10 m langer Stab aus Eisen verlängert sich bei einer Erwärmung um 10 °C um 1,2 mm, ein Stab aus Wasser um 18 mm und ein Stab aus Luft um 366 mm.

Aufgabe 75

❙ *Teilchenmodell, Aggregatzustände*

Beschreibe mithilfe des Teilchenmodells die Aggregatzustände fest, flüssig und gasförmig. Gehe dabei sowohl auf die Anordnung als auch auf die Bewegungsmöglichkeiten der Teilchen ein.

Aufgabe 76

❙ *Teilchenmodell, Reibung, Temperatur*

Die Temperatur eines Bohrers hat schon nach kurzer Bohrzeit zugenommen.
Erkläre dieses Phänomen mithilfe des Teilchenmodells.

Aufgabe 77

I *Ladungen, Kräfte zwischen elektrischen Ladungen*

Vier identische, geladene Metallkugeln werden jeweils an einem Faden aufgehängt. In einem Experiment stellt man fest, dass sich Kugel A und B sowie die Kugeln C und D gegenseitig abstoßen, wohingegen sich die Kugeln A und C gegenseitig anziehen. Von Kugel D weiß man, dass sie eine negative Ladung trägt. Welche Ladungen haben dann die Kugeln A, B und C?

Aufgabe 78

I *Elektroskop, Influenz*

Das Bild zeigt, wie ein Elektroskop in mehreren Schritten aufgeladen wird. Entscheide, ob es am Ende (5) positiv oder negativ geladen ist. Begründe deine Antwort, indem du die einzelnen Ladungsschritte beschreibst.

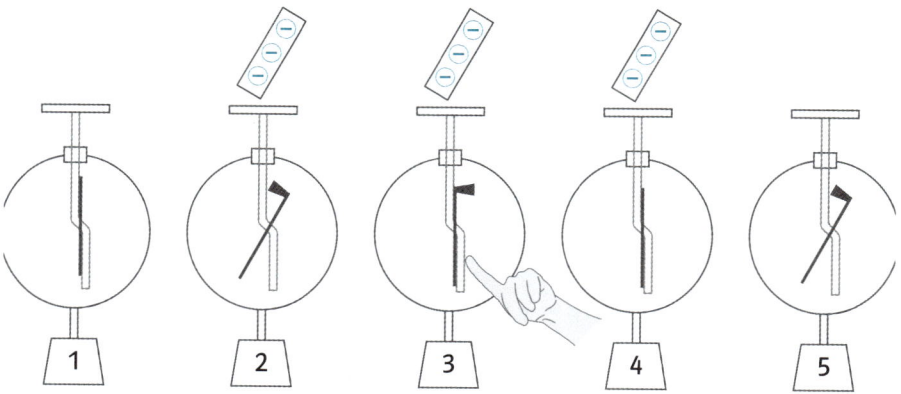

Aufgabe 79

I *Reibungselektrizität, Elementarladung*

Ein Acrylglasstab wird intensiv an einer Fleecejacke gerieben. Er erhält dadurch eine Ladung von −0,75 nC. Wie viele Elektronen sind dabei von der Jacke auf den Stab übergegangen?

Elementarladung

Als Elementarladung e_0 bezeichnet man die Ladung eines einzelnen Elektrons. Sie ist die kleinste bisher nachgewiesene Ladung und beträgt:

$$e_0 = 1{,}602 \cdot 10^{-19}\,C$$

Alle gemessenen Ladungen sind Vielfache der Elementarladung.

Aufgabe 80

I *Analogien, elektrische Stromstärke*

Auf Autobahnen kommt es insbesondere zur Ferienzeit immer wieder zu hohem Verkehrsaufkommen.
Von einer Brücke aus könnte man zählen, wie viele Autos in einer Minute diese Stelle passieren und hätte somit ein Maß für die aktuelle „Verkehrsstromstärke" (z. B. $I_{Verkehr}$ = 55 Autos pro Minute).

a) Wie könnte eine entsprechende Definition für den elektrischen Strom lauten?

b) Warum ist diese Definition für die Strommessung eher ungeeignet?

7./8.
KLASSE

9./10.
KLASSE

Aufgabe 81

❙ *Glühelektrischer Effekt*

In einem evakuierten Glaskolben befinden sich eine Glühwendel und eine Metallplatte. Beide haben jeweils Anschlüsse nach außen.
Die Metallplatte ist mit einem Elektroskop verbunden, die Glühwendel an eine Spannungsquelle angeschlossen.

a) Welche unterschiedlichen Beobachtungen kann man machen, wenn man vor dem Erhitzen der Glühwendel das Elektroskop positiv bzw. negativ auflädt?

b) Formuliere eine Gesetzmäßigkeit, die man aus diesem Experiment ableiten kann.

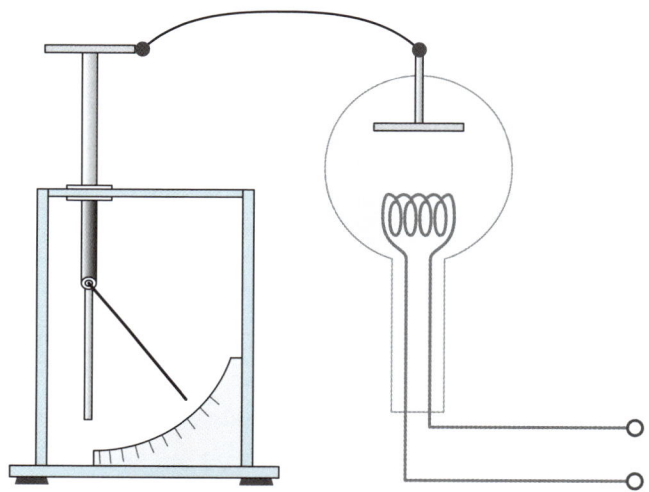

Aufgabe 82

❙ *Größen des elektrischen Stromkreises, Messgeräte*

Zur Messung der Größen des elektrischen Stromkreises verwendet man häufig Vielfachmessgeräte, sogenannte Multimeter. Durch geeignete Einstellungen lassen sich sowohl Stromstärken als auch Spannungen messen. Lies die angezeigten Messwerte ab.

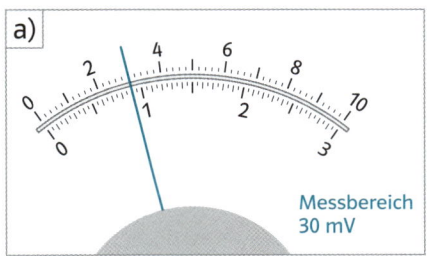

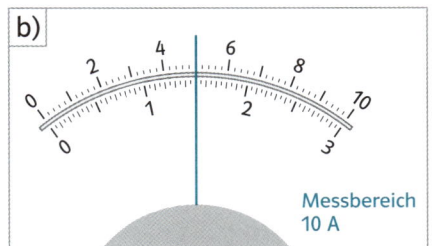

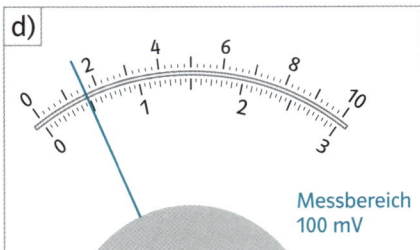

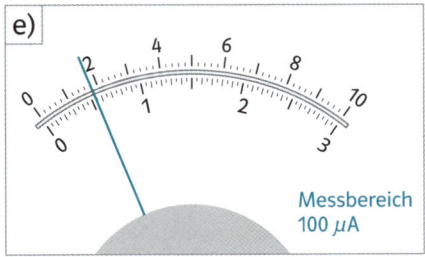

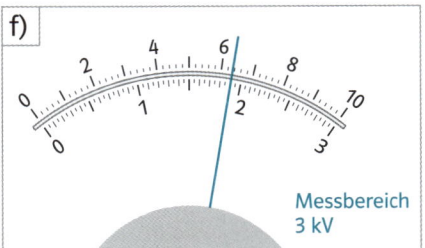

Aufgabe 83

❙ *Magnetische Stromwirkung, Magnetfeld*

Der dänische Physiker Hans Christian Oerstedt (1777–1851) entdeckte, dass eine Magnetnadel in der Nähe eines stromdurchflossenen Leiters abgelenkt wird.

a) Welchen Schluss lässt diese Beobachtung zu?

b) Welche weiteren Beobachtungen könnte man bei der Durchführung eines vergleichbaren Experimentes machen, um das Phänomen noch genauer zu beschreiben?

Aufgabe 84

❙ *Magnetische Stromwirkung, Magnetfeld einer Spule*

Eine Spule ist über einen Schalter und ein Lämpchen mit einer Gleichspannungsquelle verbunden. Im Inneren der Spule befinden sich zwei dicke Eisennägel.
Was kann man beim Schließen des Schalters beobachten? Erkläre.

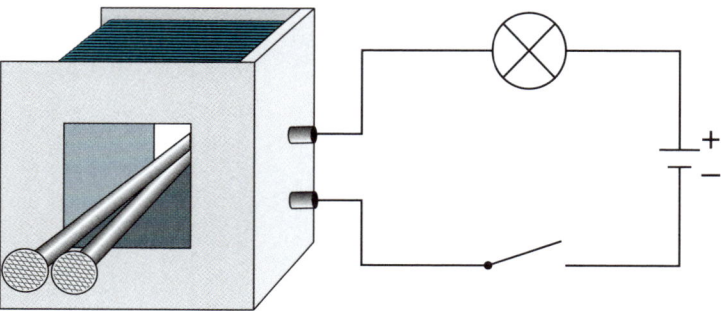

Aufgabe 85

❙ *Analogie, Größen des elektrischen Stromkreises*

Zur Veranschaulichung des elektrischen Stromkreises verwendet man in der Physik häufig einen Wasserkreislauf.

a) Beschreibe mit eigenen Worten Gemeinsamkeiten und Unterschiede der beiden Kreisläufe.

b) Welche physikalischen Größen sind jeweils miteinander vergleichbar?

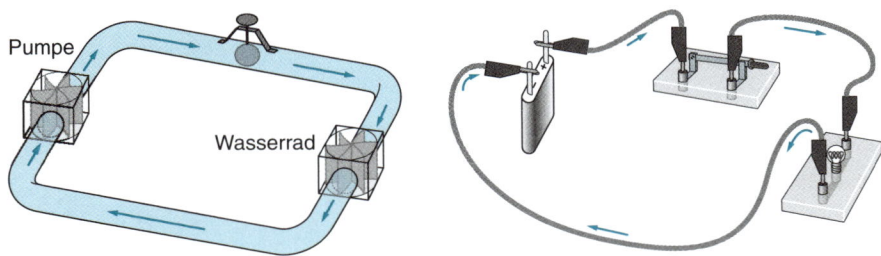

Aufgabe 86

❙ *Elektrisches Potential, elektrische Spannung*

Zwei 9 V Blockbatterien sind wie in der Schaltskizze gezeichnet miteinander verbunden.
Bestimme die Potentiale an den Stellen A, B und C. Was zeigen die Spannungsmessgeräte 1 bis 3 an?

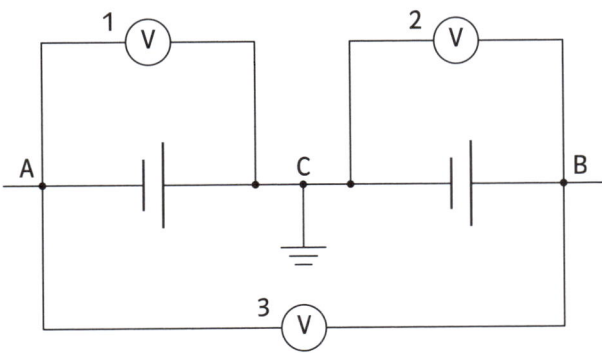

Aufgabe 87

I *Spannung, elektrische Energie*

Ein Netzteil überträgt elektrische Energie an einen Verbraucher, indem es einen Strom antreibt, also Elektronen in einem geschlossenen Stromkreis bewegt. Welche Möglichkeiten gibt es, die Energiestromstärke (Energie pro Zeit) zu verdoppeln, d.h. in derselben Zeit doppelt so viel Energie zum Verbraucher zu transportieren?

Aufgabe 88

I *Ohmsches Gesetz*

An einem Widerstand werden folgende Werte gemessen:

U [V]	0	1,5	3	4,5	6	7,5
I [mA]	0	116	231	349	465	583

a) Zeichne eine geeignete Schaltskizze mit allen Messgeräten.

b) Stelle den Zusammenhang zwischen Spannung und Stromstärke in einem $U(I)$-Diagramm grafisch dar.

c) Bestimme mithilfe des Graphen den ohmschen Widerstand.

Aufgabe 89

I *Ohmscher Widerstand*

Eine Glühlampe (6V, 5A) wird mit einer passenden Batterie zum Leuchten gebracht. Schließt man zwischen die beiden Bauteile eine Kabeltrommel mit einem 50 m langen Kabel, leuchtet das Lämpchen nur noch ganz schwach.
Wie ist dies zu erklären?
Stelle für deine Begründung eine genaue Rechnung an.

Spezifischer Widerstand

Der elektrische Widerstand eines Leiters ist abhängig vom verwendeten Material. Die zugehörige Materialkonstante bezeichnet man als spezifischen Widerstand ρ.

$$\rho_{Kupfer} = 0{,}017 \frac{\Omega \cdot mm^2}{m} \qquad \rho_{Eisen} = 0{,}25 \frac{\Omega \cdot mm^2}{m} \qquad \rho_{Alu} = 0{,}028 \frac{\Omega \cdot mm^2}{m}$$

Kupfer eignet sich daher so gut für elektrische Leitungen, da sein spezifischer Widerstand im Vergleich zu anderen Metallen sehr gering ist.

Aufgabe 90

I *Ersatzwiderstand, Reihen- und Parallelschaltung*

Welche Ersatzwiderstände kann man durch Kombination von jeweils drei baugleichen Widerständen ($R = 12\,\Omega$) erzeugen?
Skizziere jeweils ein Schaltbild und berechne den Ersatzwiderstand.

Aufgabe 91

❙ *Ohmscher Widerstand, Parallelschaltung*

Wie groß ist der Widerstand eines Bügeleisens, in dem bei einer
Spannung von 230 V ein Strom der Stärke 4 A fließt?
Wäre es möglich, drei dieser Bügeleisen gleichzeitig in einer Mehrfachsteckdose zu betreiben, wenn die Stromleitungen im Haus mit 16 A ab-
gesichert sind? Begründe mit einer Rechnung.

Aufgabe 92

❙ *Stromkreis, elektrische Schaltungen*

Die Nebelleuchten eines Fahrzeugs dürfen nur dann einschaltbar sein,
wenn auch gleichzeitig das Fahrlicht eingeschaltet ist.
Überlege, wie die Nebelleuchten und die Hauptscheinwerfer (Fahrlicht)
geschaltet sein müssen, damit die Nebelleuchten nur dann brennen,
wenn auch das Fahrlicht eingeschaltet ist.
Entwirf einen entsprechenden Schaltplan.

Aufgabe 93

| *Energieformen*

Finde Abläufe in deinem Alltag, für die man Energie benötigt.
Gib zu jedem dieser Vorgänge eine entsprechende Energieform an.

Aufgabe 94

| *Energieformen, Energieumwandlung*

Stabhochsprung ist eine der technisch anspruchsvollsten Disziplinen in
der Leichtathletik. Ein Sprung ist aber auch physikalisch sehr interessant.
Welche Energieformen sind vom Anlauf bis zur Landung auf der Matte
zu erkennen? Notiere sie in Form einer Umwandlungskette.

Aufgabe 95

| *Energieformen, Energieerhaltung*

Die Abbildung zeigt das Bild einer Berg- und Talbahn. Zeichne den Verlauf der Lageenergie und der Bewegungsenergie verschiedenfarbig in
ein Energie-Weg-Diagramm.
Was fällt dir auf?
Wie verhalten sich die beiden Energieformen zueinander?

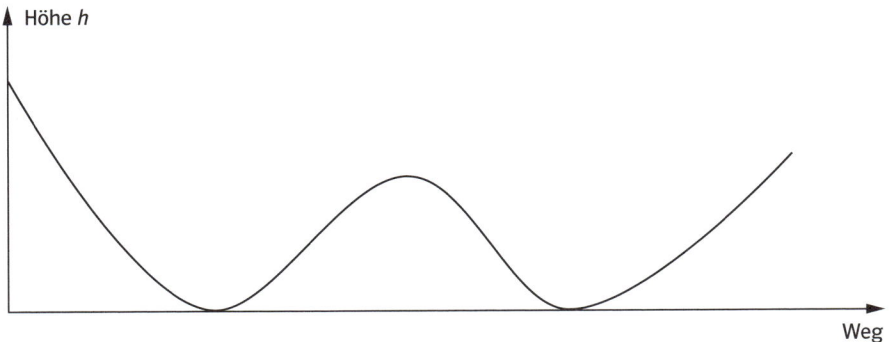

7./8.
KLASSE

9./10.
KLASSE

Aufgabe 96

I *Mechanische Arbeit*

Beim Anheben einer Last wird Hubarbeit (mechanische Arbeit) verrichtet.
Bei welchem Vorgang ① bis ⑤ wird am meisten Arbeit verrichtet?

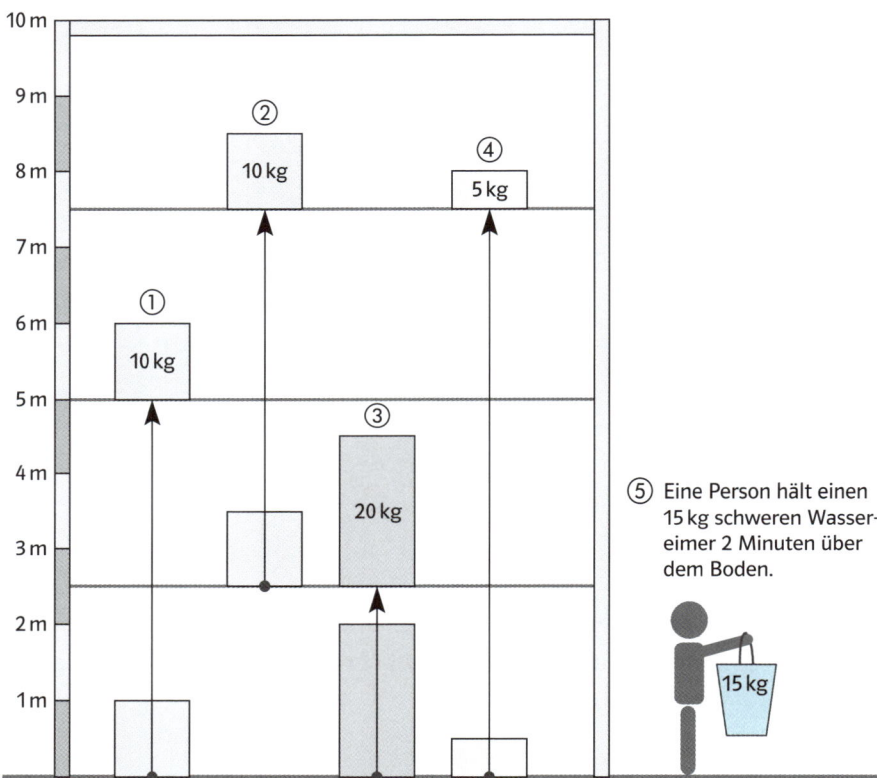

⑤ Eine Person hält einen 15 kg schweren Wassereimer 2 Minuten über dem Boden.

Aufgabe 97

I *Höhenenergie, Leistung*

Ein Wanderer (m_1 = 70 kg) hat auf seinem fünfstündigen Anstieg zum Gipfel des Watzmann insgesamt 1235 Höhenmeter mit seinem Rucksack (m_2 = 12 kg) zurückgelegt.

a) Wie viel Muskelenergie wurde dabei in Höhenenergie umgewandelt?

b) Berechne die durchschnittliche Leistung des Wanderers.

Aufgabe 98

I *Energie, Energieentwertung*

Warum kommt eine Schaukelbewegung irgendwann einmal zum Erliegen?
Könntest du erkennen, ob die Videoaufnahme eines schaukelnden Kinds vorwärts oder rückwärts abläuft?

Aufgabe 99

I Energiespeicher, Leistung

Die Hochleistungspumpen des Wasserkraftwerks Kaprun in den österreichischen Alpen haben eine Gesamtleistung von 13,4 MW.

a) Welche Wassermenge können sie zwischen 22.00 Uhr und 6.00 Uhr vom 1672 m hoch gelegenen Wasserfallboden in den darüber liegenden Mooserboden (2036 m) pumpen?

b) Wieso könnte man den Mooserboden als Energiespeicher bezeichnen?

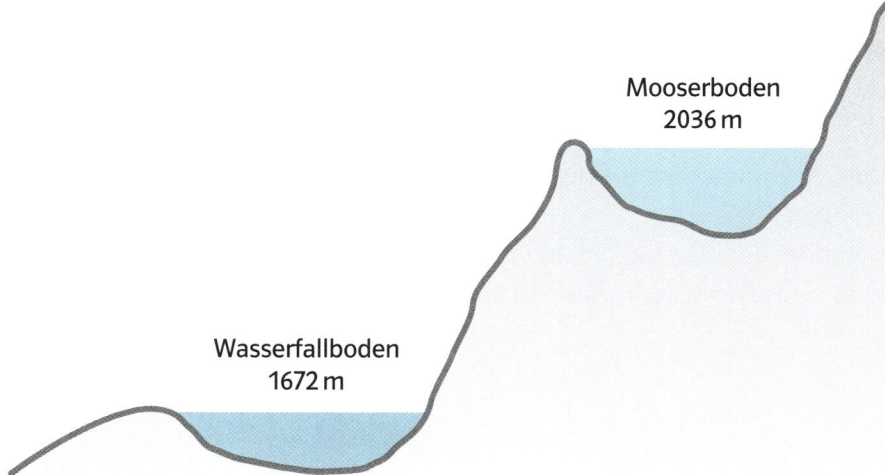

Mooserboden
2036 m

Wasserfallboden
1672 m

Aufgabe 100

❘ *Energieerhaltung, Perpetuum mobile*

Der Traum eines jeden Erfinders ist es seit jeher eine Maschine zu konstruieren, die praktisch ununterbrochen von alleine läuft und dazu keinerlei Energie von außen benötigt. Ein sehr einfacher und scheinbar genialer Vorschlag stammt bereits aus dem Jahre 1640 vom Bischof von Chester:

Der Magnet an der Spitze zieht eine Eisenkugel die Rampe hoch bis zu einem Loch, durch das die Kugel wieder nach unten fällt und somit das ganze Spiel wieder von neuem losgehen kann. Leider funktioniert das aber nicht. Kannst du erklären wieso?

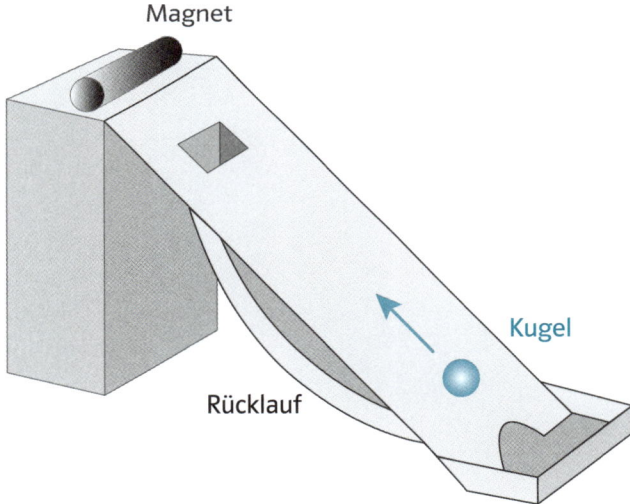

Magnet

Kugel

Rücklauf

Perpetuum mobile

Ein Perpetuum mobile (lat. „sich ständig bewegendes") ist eine Vorrichtung, die ständig in Bewegung ist und dabei gleichzeitig Arbeit verrichtet, ohne dass von außen Energie zugeführt wird oder sich der chemische bzw. physikalische Zustand der Vorrichtung verändert.

Ein Perpetuum mobile gibt es nicht, es widerspricht den Gesetzen der Physik (Energieerhaltung, 1. Hauptsatz der Wärmelehre).

9./10.
KLASSE

Aufgabe 101

I *Stromwirkungen, Messverfahren*

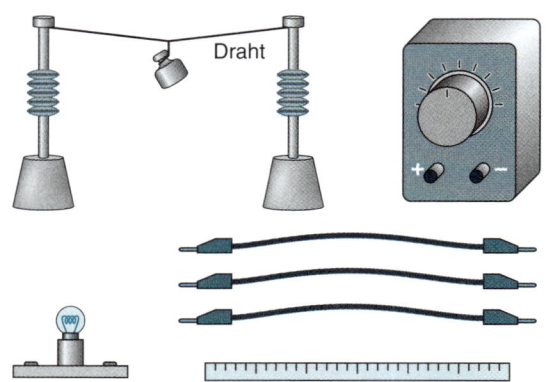

Aus den abgebildeten Teilen soll ein Strommessgerät aufgebaut werden. Entwirf eine Skizze und beschreibe die Funktionsweise deines Messgeräts. Wie könnte man dein Gerät eichen?

Aufgabe 102

I *Spannung, Energie, Leistung*

Das Lämpchen einer Taschenlampe trägt die Aufschrift „**3 V 0,8 A**".

a) Gib die elektrische Leistung des Lämpchens an.

b) Wie viele Monozellen des Typs *„Alkaline Plus 1,5 V"* benötigt man zum Betrieb des Lämpchens?

c) Nach einer Betriebsdauer von 3 h 15 min sind die Batterien leer. Wie viel kJ elektrische Energie haben sie abgegeben?

d) Der Preis für eine Monozelle beträgt 1,70 €. Wie teuer wäre 1 kWh elektrischer „Monozellen-Energie"?

Aufgabe 103

I *Energie, Leistung, Energiesparen*

Der Fotokopierer einer Schule benötigt im Stand-by-Betrieb eine elektrische Leistung von 320 Watt.
Wie viel elektrische Energie könnte gespart werden, wenn der Kopierer nicht erst um 18.00 Uhr sondern um 13.00 Uhr abgeschaltet würde? Rechne mit 220 Betriebstagen im Schuljahr. Welche Einsparung wäre möglich, wenn der Preis für 1 kWh 21 Cent beträgt?

Aufgabe 104

I *Gefahren durch elektrischen Strom, Sicherheit*

Bei Elektrounfällen im Haushalt beträgt die Spannung gegen die Erde zumeist 230 V. Die Stromstärke durch den Körper hängt darüber hinaus vom Widerstand ab, der sich in diesem Fall aus dem Körperwiderstand und dem Übergangswiderstand zusammensetzt.
Berechne die Stromstärke für den Stromweg Hand → Fuß (Körperwiderstand $R_{Körper}$ = 600 Ω bei Übergangswiderständen von 150 Ω bzw. 7,5 kΩ).

Übergangswiderstände

Der Übergangswiderstand beeinflusst maßgeblich die Schwere eines Elektrounfalls.

Nasse oder feuchte Körperteile leiten den Strom besser als trockene. Gummisohlen, Teppichboden, oder Holz isolieren und bieten daher Schutz. Darüber hinaus spielt auch die Größe der Kontaktfläche eine wichtige Rolle, was zu einer extremen Gefährdung durch elektrische Geräte beim Baden führt.

Aufgabe 105

I *Feldbegriff, elektrisches Feld*

Die Abbildung zeigt zwei physikalische Felder.

Feld 1   Feld 2

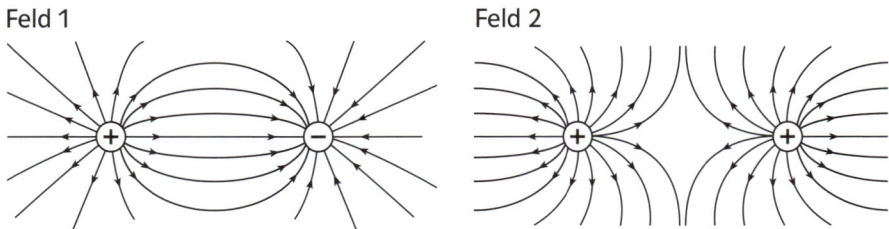

Erkläre allgemein, was man unter einem physikalischen Feld versteht und begründe, wieso sich die beiden Bilder unterscheiden. Was würde passieren, wenn man jeweils eine kleine, frei bewegliche, negativ geladene Kugel in die Mitte der beiden großen felderzeugenden Kugeln bringt?

Aufgabe 106

I *Lorentzkraft, Drei-Finger-Regel*

Auf zwei festen Kupferstäben liegt ein dritter, beweglicher Kupferstab. Die Anordnung befindet sich vollständig in einem Magnetfeld.
Was kann man beobachten, wenn man die beiden festen Stäbe an ein Netzgerät anschließt? Hat die Polung des Netzgeräts Einfluss auf das beobachtete Ergebnis?

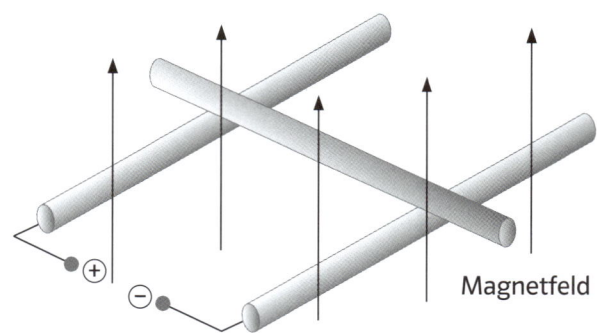

Magnetfeld

Aufgabe 107

I *Braunsche Röhre, Teilchenbeschleunigung, Ablenkfelder*

In einer Braunschen Röhre werden Elektronen durch eine Hochspannung zwischen Glühkatode und Anodenring beschleunigt und treffen auf einen Leuchtschirm. Durch einen Dauermagneten lässt sich der Elektronenstrahl ablenken.

a) Erkläre, wie es zu einer solchen Ablenkung kommen kann.

b) Wie müsste das Feld des Dauermagneten orientiert sein, um die dargestellte Ablenkung zu erreichen?

c) Wie würde sich die Ablenkstrecke s ändern, wenn die Beschleunigungsspannung verringert wird?

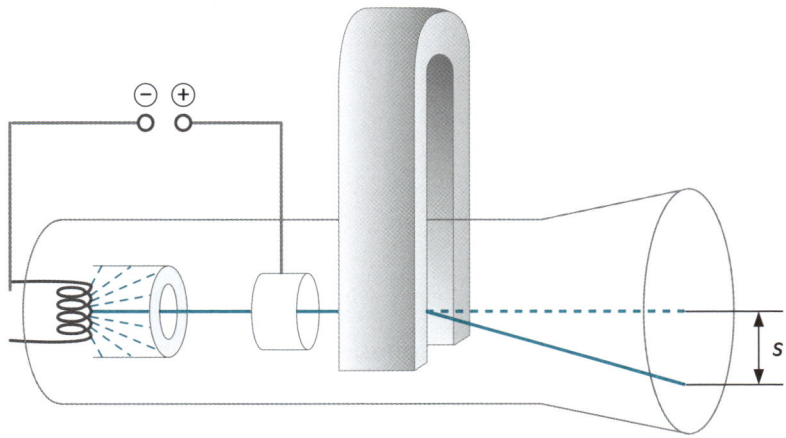

Aufgabe 108

I *Elektromagnetische Induktion, Generatorprinzip*

Benenne die wesentlichen Bauteile eines Fahrraddynamos und erkläre seine Funktionsweise.

Aufgabe 109

I *Elektromagnetische Induktion, Induktionsspannung*

Ein Stabmagnet fällt durch eine Spule, deren Anschlüsse mit einem Oszilloskop zur Spannungsmessung verbunden sind. Wie müsste das zugehörige $U(t)$-Diagramm aussehen, wenn der Magnet frei durch die Spule fallen kann? Skizziere und begründe.

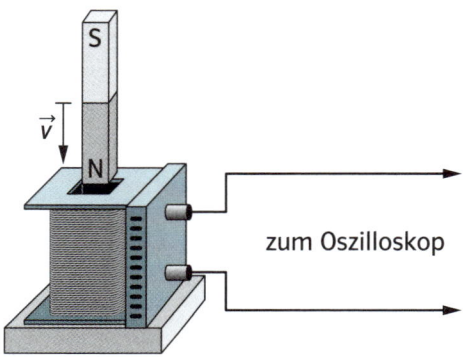

Aufgabe 110

I *Transformator, Spannungstransformation*

Der Transformator einer elektrischen Autorennbahn soll aus der Netzspannung von 230 V eine Betriebsspannung von 8 V erzeugen. Auf der Primärseite kommt dazu eine Spule von 720 Windungen zum Einsatz. Welche Windungszahl n_2 muss man für die Sekundärspule wählen?

Aufgabe 111

I *Transformator, Stromtransformation*

Ein Trafo mit den Windungszahlen $n_1 = 500$ und $n_2 = 5$ wird primärseitig an eine Spannung von 230 V angeschlossen.
Sekundärseitig wird eine dicke Kupferspule durch einen Eisennagel kurzgeschlossen.
Wie groß ist die maximale Stromstärke durch den Nagel, wenn im Primärkreislauf eine Sicherung von 2,5 A eingebaut wird?

Aufgabe 112

I *Transformator, Wirkungsgrad*

Bei einem Transformator wird bei einer Primärspannung von 230 V eine Stromstärke von 1,8 A gemessen. Die Sekundärspannung und die zugehörige Stromstärke betragen 32 V bzw. 12,4 A. Bestimme den Wirkungsrad und das Übersetzungsverhältnis dieses Transformators.

Wirkungsgrad

Der Wirkungsgrad spielt in der Physik und in der Technik eine große Rolle. Beim Transformator ist er definiert als Quotient aus der Leistungsabgabe (Sekundärseite) und der Leistungsaufnahme (Primärseite). Gute Transformatoren arbeiten mit einem Wirkungsgrad von über 95 %.

Aufgabe 113

I *Halbleiter, wärmeabhängiger Widerstand*

Eine kleine Spule aus Eisendraht und ein Heißleiter (NTC Widerstand) werden mit einem Strommessgerät in Reihe geschaltet und mit einer Stromquelle verbunden.
Was beobachtet man jeweils am Strommessgerät, wenn man die Eisenspule bzw. den Heißleiter mit einem Bunsenbrenner erhitzt?

7./8.
KLASSE

9./10.
KLASSE

Aufgabe 114

│ *Halbleiterdiode, Elektronik, Stromkreis*

Drei baugleiche Lämpchen L_1, L_2 und L_3 werden mit den Dioden D_1
und D_2 (ebenfalls baugleich) wie abgebildet verschaltet.
Begründe, welche der 3 Lämpchen leuchten.

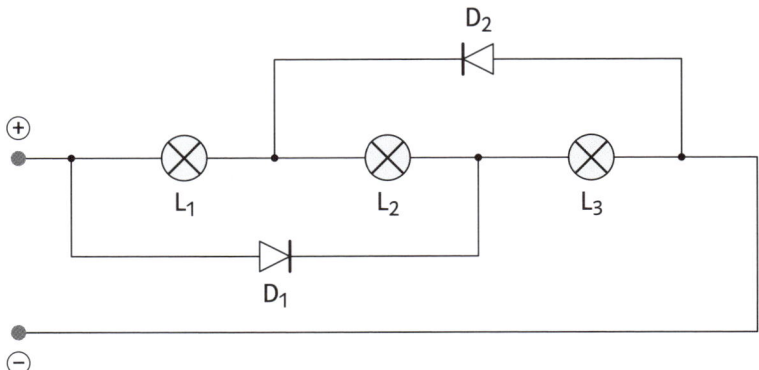

Aufgabe 115

│ *Transistor, Spannungsteiler, Elektronik, Sensor*

Die beiden Schaltskizzen sind Beispiele für Helligkeitssensoren.
Sie sind jeweils so dimensioniert, dass bei normalem Tageslicht die
Lämpchen nicht leuchten.
Welche der beiden Schaltungen würde sich als Dämmerungsschalter
eignen?

a)

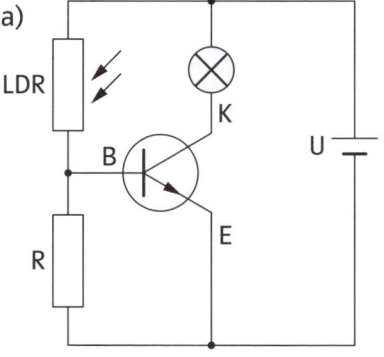

b)

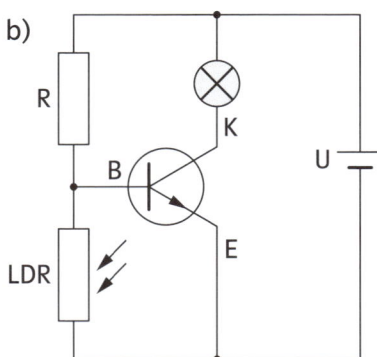

Aufgabe 116

❙ *Wärme, Energie, Temperatur*

„Temperatur" und „Wärme" sind Begriffe, denen man im Alltag ständig begegnen kann und bei deren Verwendung wir häufig das Gleiche meinen.

In einem großen Becken und einem Reagenzglas befindet sich Wasser der gleichen Ausgangstemperatur. Unter beide Behälter bringt man eine brennende Kerze.

Erkläre mithilfe dieses Versuchs, dass man physikalisch die Begriffe „Temperatur" und „Wärme" unbedingt unterscheiden muss.

Aufgabe 117

❙ *Teilchenmodell, Brown'sche Bewegung*

Von zwei Untertassen ist eine mit sehr kaltem und die andere mit heißem Wasser gefüllt. In beide wird gleichzeitig ein Stück Würfelzucker gelegt.

Welches Stück Zucker löst sich schneller auf?

Begründe deine Aussage mithilfe des Teilchenmodells.

Aufgabe 118

▌*Energiezufuhr, Temperaturänderung*

Wenn an einem wolkenlosen Sommertag die Sonne von 8.00 Uhr morgens bis 16.00 Uhr am Nachmittag auf das Wasser eines Planschbeckens (Fläche $A = 2\,m^2$; Tiefe $h = 40\,cm$) scheint, dann ist insgesamt eine Energie von 6,32 MJ eingestrahlt worden.

a) Um wie viel Grad Celsius erhöht sich dadurch die Wassertemperatur im Planschbecken?

b) Welchen Einfluss hätte die gleiche Sonneneinstrahlung auf ein Schwimmbecken mit den Maßen $10\,m \cdot 25\,m$ und einer Wassertiefe von 2,20 m?

Aufgabe 119

▌*Spezifische Wärmekapazität, Mischversuche*

Ein Kupferstück der Masse 50 g wird in siedendem Wasser auf die Temperatur 100 °C erhitzt. Anschließend legt man es in ein Becherglas mit 250 ml Wasser der Temperatur 20 °C.
Welche Mischtemperatur stellt sich in diesem Becherglas ein?

Spezifische Wärmekapazität

Die spezifische Wärmekapazität ist eine stoffabhängige Materialkonstante. Sie gibt an, wie viel Wärme(-energie) einem Stoff zugeführt werden muss, um die Temperatur von 1 kg dieses Stoffes um 1 K zu erhöhen.

$$c_{Wasser} = 4{,}19\,\frac{kJ}{kg \cdot K} \qquad c_{Kupfer} = 0{,}38\,\frac{kJ}{kg \cdot K}$$

Aufgabe 120

I *Aggregatzustände, Schmelz- und Verdampfungswärme*

Strenger Frost hat die Wasserleitungen einer Skihütte frieren lassen. Um dennoch Wasser für den Tee zu bekommen, füllt der Hüttenwirt einen Topf mit 1,5 kg Schnee (−12 °C). Er stellt den Topf auf den Ofen, nach 15 min beginnt das Wasser bei 98 °C zu sieden.

a) Skizziere qualitativ eine Kurve für den oben geschilderten Vorgang, die die Temperatur ϑ in Abhängigkeit der Zeit t bis zum Sieden darstellt.

b) Der Ofen gibt pro Minute 70 kJ Energie an das Wasser ab. Wie lange dauert es, bis sich im Topf kein Schnee mehr befindet?

Spezifische Schmelzwärme und spezifische Verdampfungswärme

Während des Schmelzens und Verdampfens eines Stoffes bleibt die Temperatur konstant. Beide Prozesse benötigen dennoch Energie, die jeweils proportional zur Masse des Stoffes ist.

Die spezifische Schmelzwärme gibt an, wie viel Energie man benötigt, um 1 g eines Stoffes vom festen in den flüssigen Aggregatzustand zu überführen.

Entsprechend gibt die spezifische Verdampfungswärme an, wie viel Energie man einer Flüssigkeit der Masse 1 g zuführen muss, um sie in den gasförmigen Zustand zu überführen.

Für Eis bzw. Wasser gilt:

spezifische Schmelzwärme: $s_{\text{Eis}} = 335\,\frac{\text{J}}{\text{g}}$

spezifische Verdampfungswärme: $r_{\text{Wasser}} = 2300\,\frac{\text{J}}{\text{g}}$

Aufgabe 121

❙ *Aggregatzustände, Verdunstungswärme*

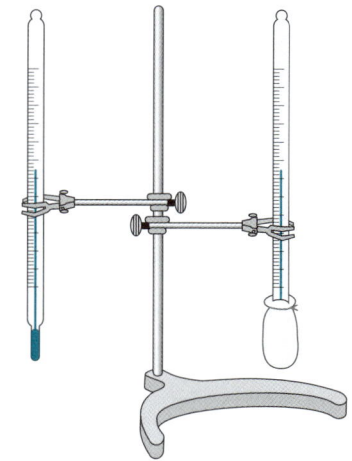

Zwei Thermometer werden nebeneinander
aufgehängt und zeigen beide die gleiche
Raumtemperatur an. Eines der beiden
Thermometer wird am Thermometergefäß
mit Watte umwickelt, die mit Spiritus
(ebenfalls auf Raumtemperatur) getränkt
ist.

Zeigt das mit Watte umwickelte Thermometer nach einigen Minuten im Vergleich
zum nicht umwickelten Thermometer eine deutlich höhere, annähernd
die gleiche oder eine deutlich niedrigere Temperatur an?
Begründe deine Aussage.

Aufgabe 122

❙ *Wärmetransport*

Zwei Thermogefäße sind jeweils mit gleichen Mengen 90 °C warmen
Wassers gefüllt.

Das eine Glas wird mit zwei 1,5 mm dicken Glasscheiben abgedeckt,
das andere mit zwei Glasscheiben von je 1 mm Dicke, zwischen denen
sich noch ein ebenfalls 1 mm dicker Einmachgummi befindet. Auf diese
Weise ist das zweite Thermogefäß von einer Glas-Luft-Glas-Schicht
verschlossen.

Auf beide Gefäße wird
zeitgleich ein Stück Butter
gelegt.

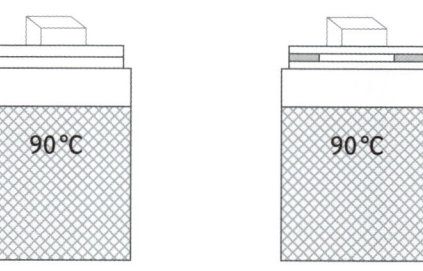

a) Welche Beobachtung kann man bei diesem Versuch machen?

b) Finde eine Erklärung für diese Beobachtung.

c) Gibt es technische Anwendungen, bei denen das beobachtete
   Phänomen ebenfalls auftritt?

Aufgabe 123

I *Wärmetransport*

Moderne Kochfelder haben Herdplatten unterschiedlicher Größe.
Erkläre, warum es sinnvoll ist, einen Topf auszuwählen, dessen Boden
etwa den gleichen Durchmesser hat wie die geheizte Herdplatte.
Was geschieht wenn der Topf zu klein oder zu groß ist?

Aufgabe 124

I *Zustandsgrößen eines Gases, allgemeine Gasgleichung*

Ein Luftmatratze wird bei einer Temperatur von 20 °C mit einem Druck
von 1,5 bar aufgepumpt, sodass das gesamte Luftvolumen 750 cm^3
beträgt. Durch intensive Sonneneinstrahlung steigt die Temperatur der
eingeschlossenen Luft auf 50 °C an.
Welchem Druck muss die Matratze standhalten, wenn die Elastizität
des Materials maximal ein Volumen von 800 cm^3 zulässt?

Die absolute Temperatur

Die Temperatur eines Körpers ist ein Maß für die Bewegungsenergie seiner
Teilchen. Der absolute Nullpunkt ist erreicht, wenn sämtliche Bewegung zum
Erliegen kommt.

Die absolute Temperaturskala legt für diesen Punkt 0 K (Kelvin) fest.
In der Celsiusskala entspricht das − 273,15 °C.

In der Physik verwendet man für die Temperatur daher auch zwei unterschiedliche Formelzeichen.

ϑ steht für eine Temperaturangabe in der Einheit 1 °C (Grad Celsius), während
T für die absolute Temperatur in der Einheit 1 K (Kelvin) steht.

Die Temperaturdifferenz von $\Delta\vartheta$ = 1 °C entspricht der Temperaturdifferenz
von ΔT = 1 K.

7./8.
KLASSE

9./10.
KLASSE

Aufgabe 125

❙ *Wärmekraftmaschine, Verbrennungsmotor*

Bringe zunächst die Abbildungen der vier Takte eines Ottomotors in eine sinnvolle Reihenfolge und erkläre dann kurz seine Funktionsweise.

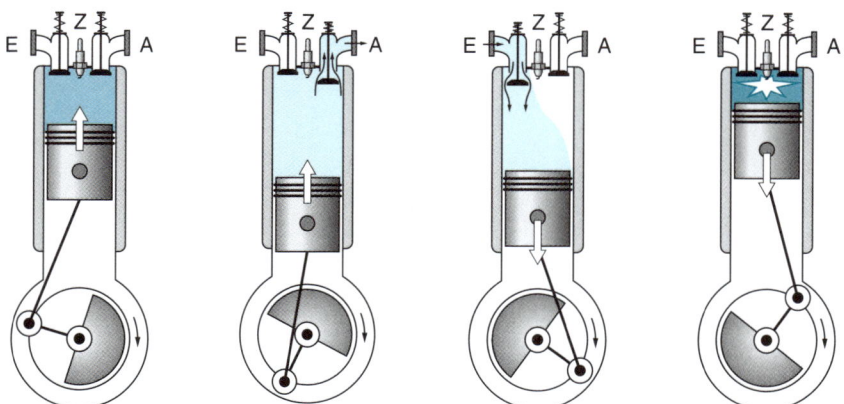

Aufgabe 126

❙ *Wärmekraftmaschine, Wirkungsgrad*

Ein idealer Heißluftmotor, der an seinem kalten Ende auf 40 °C herabgekühlt wird, soll einen Wirkungsgrad von 45 % besitzen.
Auf wie viel Grad muss man dazu sein warmes Ende erhitzen?

Aufgabe 127

❙ *Wärmepumpe, Entropie*

Begründe, wieso es nicht möglich ist, einen Raum durch Öffnen eines Kühl- oder Gefrierschranks abzukühlen, obwohl in diesen Geräten nur Temperaturen zwischen +7 °C und −20 °C herrschen.

Entropie

Die Entropie S spielt in der Physik immer dann eine Rolle, wenn einem System Energie zugeführt oder entzogen wird.

Die Einheit der Entropie ist $[S] = 1 \frac{J}{K}$

Die Erzeugung von Entropie (ΔS) ist dabei ein Maß zur Beschreibung der bei jeglicher Energieumwandlung auftretenden Energieentwertung.

Der Entropiesatz (2. Hauptsatz der Wärmelehre) besagt, dass die Entropieerzeugung in einem geschlossenen System niemals negativ sein kann ($\Delta S \geqq 0$).

Aufgabe 128

❙ *Energieentwertung, Entropie*

Ein Tauchsieder mit einer Leistung von 350 W wird insgesamt sechs Minuten mit der Steckdose verbunden und eingeschaltet. Er wird dabei zunächst 3 min lang betrieben, ohne in irgendeine Flüssigkeit getaucht zu werden. Die übrigen 3 min befindet er sich in 250 ml Wasser mit einer Anfangstemperatur von 18 °C.

a) Wie viel Entropie wird in der Luft erzeugt, wenn ihre Temperatur (18 °C) während der drei Minuten nahezu gleich bleibt?

b) Wie groß ist die Temperaturzunahme des Wassers?

c) Begründe, wieso beim Heizen des Wassers weniger Entropie erzeugt wird als im ersten Fall.

7./8.
KLASSE

9./10.
KLASSE

Aufgabe 129

❙ 1. und 2. Hauptsatz der Wärmelehre, Entropie

Nimm zu nachfolgender Aussage Stellung:
„Wirft man eine heiße Münze in ein Glas mit 20 °C warmen Wasser, ist es prinzipiell denkbar, dass die Münze dem Wasser Wärmeenergie entzieht. Dies erkennt man daran, dass sich das Wasser abkühlt, während die Münze noch heißer wird."

Aufgabe 130

❙ Temperatur, innere Energie, Energiefluss, Entropie

Die Abbildung zeigt zwei Körper in thermischem Kontakt. Die Atome sind dabei vereinfacht als Kästchen dargestellt, ihre kinetische Energie „portionsweise" als gefülltes Kästchen. Entscheide welche der nachfolgenden Aussagen richtig und welche falsch sind.

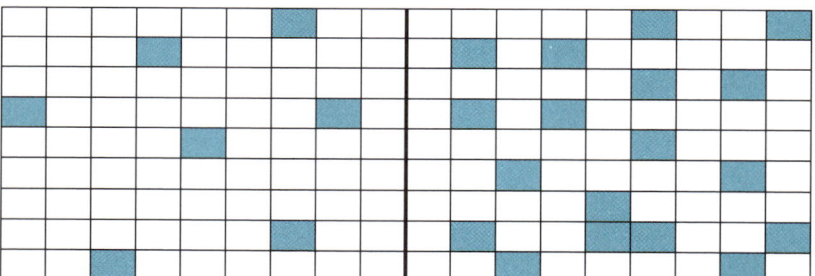

- Die Temperatur auf der rechten Seite ist höher als links.
- Es strömt Energie von links nach rechts.
- Es strömt Kälte von der kalten zur warmen Seite.
- Die Entropie der warmen Seite nimmt ab, die der kalten zu.
- Die Entropie des gesamten Gegenstandes nimmt zu.

Aufgabe 131

❚ *Energieerhaltung, kinetische Energie*

Ein PKW prallt mit einer Geschwindigkeit von $v = 90 \, \frac{km}{h}$ gegen eine feste, unnachgiebige Mauer.
Aus welcher Höhe müsste der Wagen frei fallen, um beim Auftreffen auf den Boden die gleiche kinetische Energie wie beim Aufprall zu haben?

Aufgabe 132

❚ *Energieerhaltung, Lageenergie*

Bei einer Achterbahn werden die Wagen zu Beginn auf eine bestimmte Höhe gezogen und rollen von dort hinunter. Wie müsste die Höhe verändert werden, damit sich die Geschwindigkeit der Wagen im tiefsten Punkt der Bahn im Vergleich zur ersten Höhe verdoppelt?

Aufgabe 133

❚ *Energieerhaltung*

Bei einer Wanderung ist es selbstverständlich anstrengend, den Berg hinaufzugehen.
Warum ist es jedoch auch anstrengend, denselben Berg hinabzugehen? Dabei wird doch keine Energie benötigt, sondern im Gegenteil Lageenergie in kinetische Energie umgewandelt!

7./8.
KLASSE

9./10.
KLASSE

Aufgabe 134

I *Fadenpendel, Lageenergie, kinetische Energie, Energieerhaltung*

Eine Kugel hängt an einem 1,25 m langen Faden. Die Kugel wird waagerecht ausgelenkt und anschließend losgelassen (Luftreibung sei im Folgenden vernachlässigbar).

a) Berechne die maximale Geschwindigkeit der Kugel.

b) Auf welcher Höhe befindet sich die Kugel, wenn ihre Geschwindigkeit halb so groß ist wie im tiefsten Punkt?

Aufgabe 135

I *Federpendel, Lageenergie, kinetische Energie, Spannungsenergie, Energieerhaltung*

a) An eine Feder wird eine Kugel der Masse 100 g gehängt. Dadurch wird die Feder um 5 cm gedehnt. Berechne die Federkonstante.

b) Nun wird die Feder per Hand um weitere 3 cm ausgelenkt und anschließend losgelassen. Berechne die Lageenergie, die Spannungsenergie und die kinetische Energie im unteren und oberen Umkehrpunkt, sowie in der Gleichgewichtslage. Was kann über die Summe der Energien in jedem Punkt der Bewegung ausgesagt werden?

Aufgabe 136

I *Kinetische Energie, innere Energie*

Bei Gefällstrecken gibt es oft Bremsstrecken, auf denen LKWs bei einem Versagen der Bremsen ausrollen können. Die Bremsstrecke zweigt meist steil von der Straße ab.
Wie weit fährt ein LKW eine solche Bremsstrecke hinauf, wenn er mit $100\,\frac{km}{h}$ ankommt und die Strecke einen Anstiegswinkel von 13° zur Horizontalen hat?
Beachte, dass ca. 25 % der anfänglich vorhandenen Energie durch Reibung und Luftwiderstand in innere Energie umgesetzt werden.

Aufgabe 137

▌ *Lageenergie, kinetische Energie*

Ein Körper ($m = 50\,\text{kg}$) fällt aus einer Höhe von $10\,\text{m}$ frei nach unten.

a) Mit welcher Geschwindigkeit v_a schlägt er auf dem Boden auf? Welche kinetische Energie $E_{kin,a}$ besitzt der Körper direkt vor dem Aufprall?

b) Welche Geschwindigkeit v_b und welche kinetische Energie $E_{kin,b}$ hätte der Körper, wenn er den gleichen Höhenunterschied reibungsfrei auf einer $1{,}5\,\text{km}$ langen Rampe überwindet?

c) Wie groß ist die Geschwindigkeit v_c auf dem Boden, wenn durch Reibung beim Gleiten 30 % der zu Beginn vorhandenen Energie in thermische Energie umgewandelt wird?

Aufgabe 138

▌ *Lageenergie, kinetische Energie, Energieerhaltung*

Ein Trampolinspringer ($m_1 = 75\,\text{kg}$) springt er aus einer Höhe von $2\,\text{m}$ über dem entspannten Tuch auf das Sprungtuch, wobei er in jeder Hand eine Hantel von jeweils $5\,\text{kg}$ hält. Dabei wird das Trampolin maximal $1\,\text{m}$ gedehnt. Am tiefsten Punkt der Bewegung wirft er die Hanteln zur Seite.
Wie groß ist seine maximale Geschwindigkeit und wie hoch kommt er jetzt? Luftwiderstand und Reibung sollen unberücksichtigt bleiben.

Nullniveau

Um die Lageenergie (potentielle Energie) von Körpern und die Spannungsenergie berechnen zu können, ist es notwendig, dass angegeben wird, auf welchen Energienullpunkt (Nullniveau) Bezug genommen wird. Je nach Bezugspunkt unterscheiden sich die Energiebeträge an den jeweiligen Stellen.

Zum Beispiel: Soll die Lageenergie eines Körpers auf dem Mount Everest berechnet werden, muss die Höhe des Berges bekannt sein. Diese wird vom Meeresspiegel aus gemessen und beträgt etwa $8848\,\text{m}$. Soll die Lageenergie desselben Körpers berechnet werden, nachdem er vom Fußboden auf einen $1\,\text{m}$ hohen Tisch gelegt wurde, so wird die Höhe $1\,\text{m}$ in der Berechnung verwendet.

Aufgabe 139

▌ *Impulserhaltung, Energieerhaltung*

Bei einer ballistischen Messung wird ein Brett der Masse $m_1 = 1{,}5\,\text{kg}$ an einem Faden der Länge $l = 80\,\text{cm}$ aufgehängt. Die Fadenmasse kann vernachlässigt werden.

Anschließend wird mit einem Geschoss der Masse $m_2 = 5\,\text{g}$ und einer Geschwindigkeit von $v_2 = 400\,\frac{\text{m}}{\text{s}}$ auf das Brett geschossen.

Das Geschoss durchschlägt das Brett, welches um einen Winkel von $\alpha = 14°$ ausgelenkt wird.

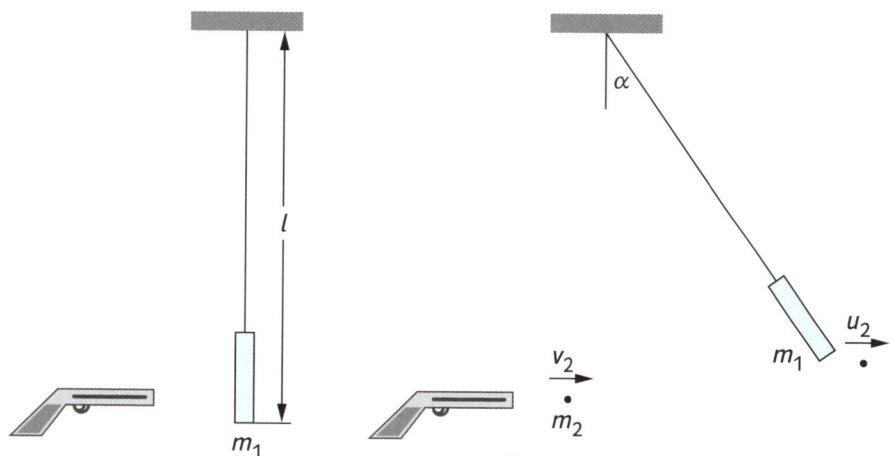

a) Welche Geschwindigkeit u_1 hat das Brett bzw. welche Geschwindigkeit u_2 hat das Geschoss unmittelbar nach dem Durchschuss?

b) Welcher Energiebetrag wird bei dem Vorgang in innere Energie umgewandelt?

c) Um welchen Winkel wäre das Brett ausgelenkt worden, wenn das Geschoss im Brett steckengeblieben wäre?

Aufgabe 140

I *Impuls, Energie*

Zwei Geschosse gleicher Masse, gleicher Größe und Form, sowie gleicher Abschussgeschwindigkeit werden auf einen Holzklotz gefeuert. Welche der Kugeln wirft den Klotz eher um, welche beschädigt ihn mehr, wenn eine Kugel aus Metall, die andere aus Gummi ist? Begründe.

Aufgabe 141

I *Impulserhaltung*

Beim Abfeuern eines Gewehrs erfährt dieses einen starken Rückstoß. Berechne die Rückstoßgeschwindigkeit eines Gewehrs der Masse 3,5 kg, wenn eine Kugel der Masse 8 g es mit einer Geschwindigkeit 350 $\frac{m}{s}$ verlässt.

Aufgabe 142

I *Impulserhaltung*

An einen mit Kohle gefüllten Eisenbahnwagen wird ein identischer, jedoch leerer Wagen angekoppelt. Der leere Wagen mit einer Masse von 8 t trifft dabei mit einer Geschwindigkeit von 2 $\frac{m}{s}$ auf den stehenden Kohlewagen. Durch die Ankopplung bewegen sich die beiden Wagen anschließend gemeinsam mit einer Geschwindigkeit von 0,5 $\frac{m}{s}$. Berechne die Masse der geladenen Kohle.

Aufgabe 143

I *Impulserhaltung*

Welche Aussagen kann man über die Impulserhaltung machen, wenn ein Flugzeug einmal von einem Flugplatz, ein anderes Mal von einem Flugzeugträger startet?

Aufgabe 144

❙ *Energieerhaltung, Impulserhaltung*

Leite allgemein eine Formel für die Geschwindigkeiten zweier Körper nach einem geraden elastischen Stoß her.

Aufgabe 145

❙ *Impulserhaltung, Rückstoß*

Ein Mann steht auf einem zunächst ruhenden Wagen, der sich reibungsfrei bewegen kann. Mann und Wagen haben zusammen eine Masse von 150 kg. Zusätzlich befinden sich auf dem Wagen 3 Steine mit einer Masse von jeweils 20 kg. Der Mann wirft nun nacheinander die Steine horizontal mit jeweils einer Geschwindigkeit von $10 \frac{m}{s}$ nach hinten.

a) Welche Geschwindigkeit hat der Wagen, nachdem der erste Stein abgeworfen wurde?

b) Welche Geschwindigkeit erreicht er nach dem zweiten und dritten Abwurf?

c) Der Wagen hat nach jedem Abwurf eine größere Geschwindigkeit als zuvor. Berechne die jeweilige Geschwindigkeitszunahme. Warum ist diese Geschwindigkeitszunahme nicht konstant, sondern nimmt immer mehr zu?

Raketenantrieb

Der Antrieb einer Rakete basiert auf demselben Rückstoßprinzip beim Treibstoffausstoß wie der Steinabwurf in Aufgabe 145. Der Treibstoffausstoß erfolgt jedoch kontinuierlich und nicht portionsweise.

Aufgabe 146

❙ Beschleunigte Bewegung, Kraft

Beim Golfabschlag wird ein Ball mit der Masse 45 g innerhalb von 0,1 s auf eine Geschwindigkeit von $60 \frac{m}{s}$ beschleunigt.

a) Welche Kraft wird dabei auf den Golfball ausgeübt?

b) Der Ball prallt gegen einen Baum, der dadurch um 0,5 cm eingedrückt wird. Mit welcher Kraft wird der Ball abgebremst?

Bewegungsarten

In der Physik wird üblicherweise zwischen zwei Bewegungsarten unterschieden, der gleichförmigen und der (gleichmäßig) beschleunigten Bewegung.

Bei der gleichförmigen Bewegung ändert sich die Geschwindigkeit nicht, bei der gleichmäßig beschleunigten Bewegung sind die Beschleunigung und damit die beschleunigende Kraft, konstant (auch das Abbremsen mit konstanter Verzögerung). Natürlich gibt es auch den Fall, dass an einen Körper eine veränderliche Kraft angreift und er nicht konstant beschleunigt wird, dieser Fall spielt in der Schulphysik eine untergeordnete Rolle.

Gleichförmige Bewegung

Strecke linear anwachsend	Geschwindigkeit konstant	Beschleunigung Null

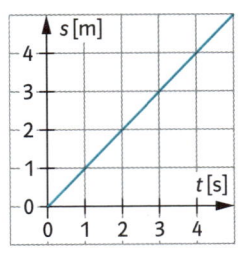 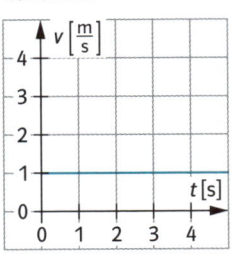 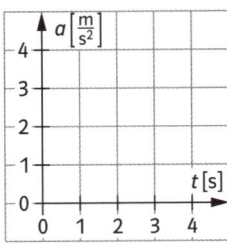

Gleichmäßig beschleunigte Bewegung

Strecke parabelförmig anwachsend	Geschwindigkeit linear anwachsend	Beschleunigung konstant

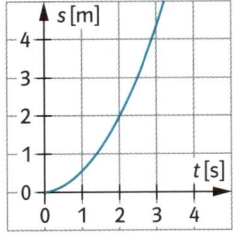 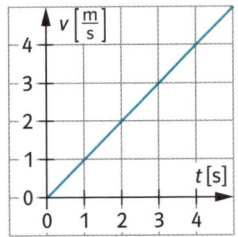 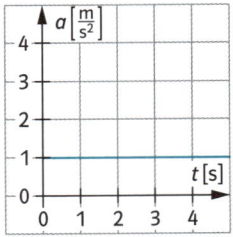

Aufgabe 147

I *Beschleunigte Bewegung*

Bei einem Autounfall prallt ein Auto mit einer Geschwindigkeit von 30 $\frac{km}{h}$ auf ein festes Hindernis. Durch die Verformung der Knautschzone ergibt sich ein „Bremsweg" von 40 cm für das Auto. Durch die Dehnung des Sicherheitsgurtes vergrößert sich dieser Weg für die Insassen um 10 cm.

Berechne die mittlere Beschleunigung für die Insassen.

Aufgabe 148

I *Beschleunigte Bewegung, gleichförmige Bewegung*

Die Abbildung zeigt das *v*-*t*-Diagramm einer Radfahrt.

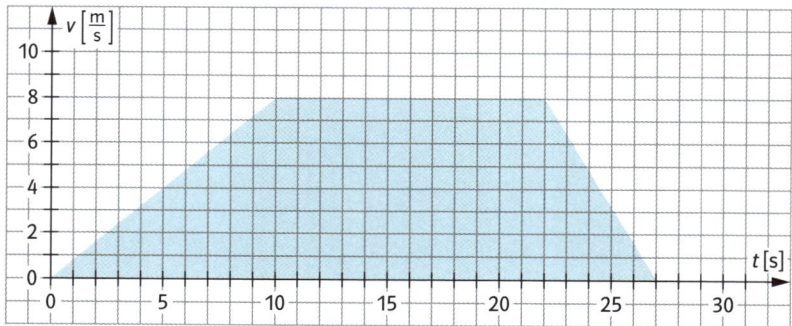

a) Beschreibe die vorhandenen Bewegungsarten.

b) Bestimme für jeden Abschnitt die Beschleunigung und die Durchschnittsgeschwindigkeit und gib eine Formel für die Momentangeschwindigkeit an.

c) Zeichne das zugehörige *s*-*t*-Diagramm. Wo findet sich der Wert für die Gesamtstrecke im *v*-*t*-Diagramm?

d) Worin unterscheiden sich der Beschleunigungs- und der Abbremsvorgang?

Aufgabe 149

❚ *Beschleunigte Bewegung, Überholmanöver*

Ein PKW-Fahrer fährt mit $80\,\frac{km}{h}$ und möchte einen mit konstanter Geschwindigkeit fahrenden Lastzug $\left(80\,\frac{km}{h}\right)$ auf einer Landstraße überholen. Dazu muss er mit Sicherheitsabstand insgesamt 50 m mehr überwinden als der LKW. In 250 m Entfernung kommt ein Fahrzeug mit $80\,\frac{km}{h}$ entgegen. Schafft er das Überholmanöver, wenn er mit $2,5\,\frac{m}{s^2}$ auf maximal $120\,\frac{km}{h}$ beschleunigt?

Aufgabe 150

❚ *Bremsvorgang*

Ein Auto fährt mit $50\,\frac{km}{h}$, ein zweites fährt doppelt so schnell. Vergleiche die Anhaltewege der beiden Autos, wenn sie beide eine maximale Bremsverzögerung vom Betrag $a = 7\,\frac{m}{s^2}$ haben. Zeichne ein *v-t*-Diagramm der beiden Anhaltevorgänge.

Aufgabe 151

❚ *Freier Fall*

Ein Tennisball wird fallengelassen. Dabei werden folgende Werte aufgenommen:

t [s]	0	0,2	0,4	0,6
s [cm]	0	20	78	170

Berechne mit diesen Daten die durchschnittliche Beschleunigung des Balls. Wie kommt es zu den unterschiedlichen Beschleunigungswerten?

Aufgabe 152

❚ *Freier Fall, Tiefenbestimmung*

Die Tiefe eines Brunnens kann ermittelt werden, indem man einen Stein hineinfallen lässt. Berechne die Brunnentiefe, wenn man das Auftreffen 1,3 s nach dem Loslassen hört.

Aufgabe 153

❚ *Senkrechter Wurf nach oben*

Ein Ball wird zur Zeit $t = 0$ s senkrecht nach oben geworfen und erreicht zur Zeit t_E wieder den Boden.
Welches Diagramm passt zu diesem Vorgang?
Was für eine Bewegung ist durch die beiden anderen Diagramme dargestellt?

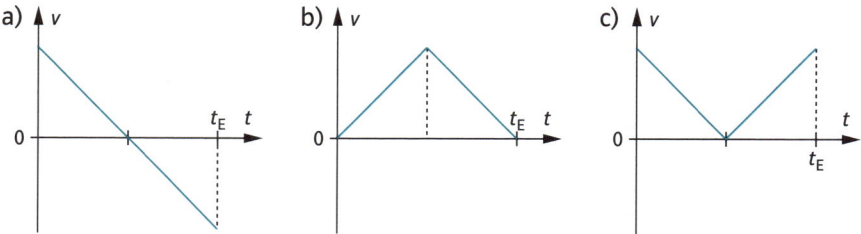

Aufgabe 154

❚ *Senkrechter Wurf nach unten*

Ein Stein wird von einer Brücke der Höhe 20 m mit einer Geschwindigkeit von $v = 4 \frac{m}{s}$ senkrecht nach unten geworfen. Berechne die Zeit, die der Stein bis zum Boden benötigt und die Geschwindigkeit, die er beim Auftreffen hat.

Aufgabe 155

❚ *Waagerechter Wurf*

Eine Rutsche endet 2 m über der Wasseroberfläche. Ein Kind verlässt die Rutsche waagerecht und trifft in 2,3 m Entfernung auf das Wasser. Welche Geschwindigkeit ist hierfür notwendig?

Aufgabe 156

❚ *Waagerechter Wurf*

a) Ein waagerechter Wurf ist aus zwei Bewegungen zusammengesetzt. Erkläre.

b) Ein Körper wird aus einer Höhe von 50 m waagerecht mit einer Geschwindigkeit von $v_0 = 15 \frac{m}{s}$ abgeworfen. In welcher Entfernung und mit welcher Geschwindigkeit trifft er auf dem Boden auf?

Aufgabe 157

❚ *Kraft, beschleunigte Bewegung*

Bei einem Elfmeter wird der Ball der Masse 440 g auf 140 $\frac{km}{h}$ innerhalb einer Zeit von 0,02 s beschleunigt.

a) Berechne die Kraft, die dabei auf den Ball ausgeübt wird.

b) Um den Elfmeter zu halten, fängt der Torwart den Ball, wobei er seine gestreckten Arme an den Körper zieht und dabei 0,6 m zurücklegt. Welche Kraft erfährt der Torwart beim Fangvorgang?

Aufgabe 158

| *Kraft, Wechselwirkungsgesetz*

Zwei kreisförmige Magneten mit einem Loch in der Mitte werden auf einen Holzstab gesteckt, sodass der obere Magnet über dem untern schwebt. Die Magnete haben eine Masse von je 150 g, der Holzstab hat eine Masse von 100 g.

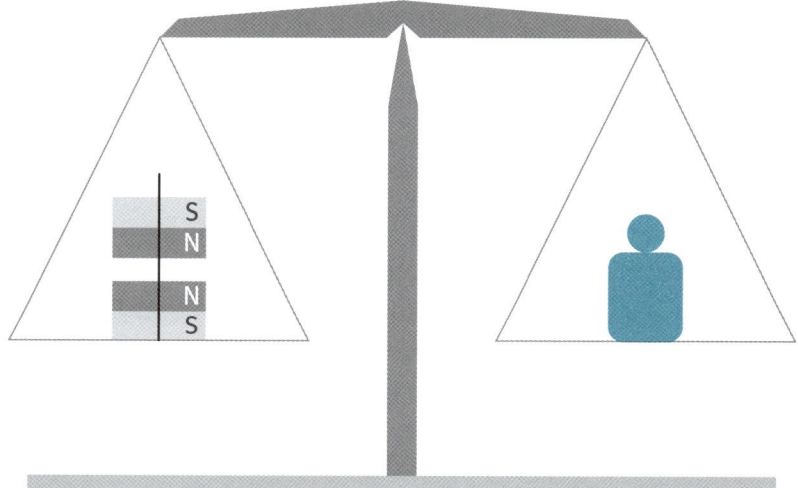

a) Zeichne alle wirkenden Kräfte ein.

b) Welche Masse muss auf der anderen Seite der Waage aufgelegt werden, damit diese im Gleichgewicht ist?

c) Was geschieht, wenn man den schwebenden Magneten anhebt?

7./8.
KLASSE

9./10.
KLASSE

Aufgabe 159

❙ *Kräfteaddition*

Ein Tanker wird von zwei Schleppern gezogen. Schlepper 1 zieht dabei mit einer Kraft von 12 kN. Bestimme die Kraft, die auf den Tanker wirkt.

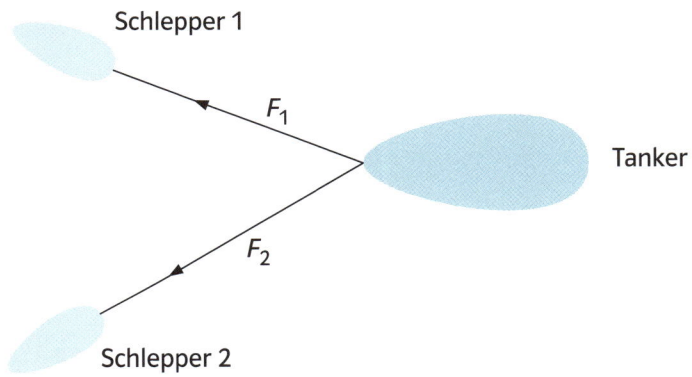

Aufgabe 160

❙ *Kräftezerlegung*

Eine Lampe der Masse $m = 4\,kg$ ist wie gezeigt an der Decke aufgehängt. Bestimme die Kräfte, die die beiden Seile aushalten müssen.

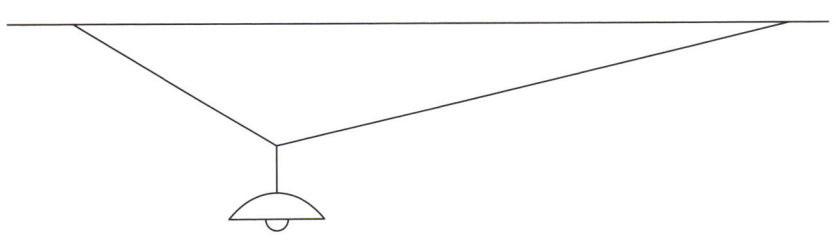

7./8.
KLASSE

9./10.
KLASSE

Aufgabe 161

❙ *Kräftezerlegung*

Ein Körper der Masse 25 kg wird mit 0,8 m/s² beschleunigt. Die beschleunigende Kraft wird durch zwei Kräfte hervorgerufen, die in unterschiedliche Richtungen wirken. Die erste Kraft beträgt 30 N und schließt mit dem Beschleunigungsvektor einen Winkel von α = 100° ein. Bestimme Richtung und Betrag der zweiten Kraft.

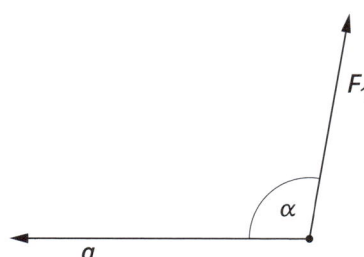

Aufgabe 162

❙ *Newtonsche Gesetze*

a) Nenne alle Newtonschen Gesetze.

b) Leite das Kraftgesetz $F = m \cdot a$ aus dem übergeordneten Gesetz $F = \frac{\Delta P}{\Delta t}$ her und gib an, unter welchen Bedingung es nur gilt.

Aufgabe 163

❚ *Newtonsche Gesetze, Trägheit*

Warum sollte man sich, wenn man in einem Bus steht, beim Anfahren oder beim Abbremsen vor einer Ampel festhalten?

Aufgabe 164

❚ *Newtonsche Gesetze, Trägheit, Rotation*

Wird ein rohes Ei in Rotation versetzt, so kommt es viel schneller wieder zu Ruhe als ein gekochtes Ei.
Erkläre.

Aufgabe 165

❚ *Newtonsche Gesetze, Trägheit*

Reißt ein schwer beladener Sack eher, wenn er langsam oder wenn er schnell angehoben wird?
Erkläre.

7./8.
KLASSE

9./10.
KLASSE

Aufgabe 166

❙ *Newtonsche Gesetze, Wechselwirkungsgesetz*

Zwei Skateboardfahrer stehen sich im Abstand von 3 m gegenüber. Beide halten jeweils das Ende eines Seils in den Händen. Dann beginnt der linke Fahrer mit einer Kraft von 50 N am Seil zu ziehen, der rechte Fahrer hält das Seil dagegen nur fest. Welche Strecke legen die Fahrer jeweils zurück, wenn sie

a) dieselbe Masse besitzen,

b) der linke Fahrer 50 kg, der rechte dagegen 40 kg wiegt?

Aufgabe 167

❙ *Newtonsche Gesetze, Trägheit, Wechselwirkungsgesetz*

Lügenbaron Münchhausen erzählt:
„Bei der Verfolgung eines Hasen wollte ich mit meinem Pferd über einen Morast setzen. Mitten im Sprung musste ich erkennen, dass der Morast viel breiter war, als ich anfänglich eingeschätzt hatte. Schwebend in der Luft wendete ich daher wieder um, wo ich hergekommen war, um einen größeren Anlauf zu nehmen. Gleichwohl sprang ich zum zweiten Mal noch zu kurz und fiel nicht weit vom anderen Ufer bis an den Hals in den Morast. Hier hätte ich unfehlbar umkommen müssen, wenn nicht die Stärke meines Armes mich an meinem eigenen Haarzopf, samt dem Pferd, welches ich fest zwischen meine Knie schloss, wieder herausgezogen hätte."
Erkläre, warum diese Rettungsaktion so nicht stattgefunden haben kann.

Aufgabe 168

| *Fall ohne Idealisierung*

Stelle eine Formel für die resultierende Kraft eines fallenden Körpers auf, ohne Luftwiderstand und Auftrieb zu vernachlässigen.
Erkläre anhand dieser Formel, warum ein Körper nicht unbegrenzt schnell werden kann.

Aufgabe 169

| *Fallschirmsprung mit Luftwiderstand*

Das dargestellte *v-t*-Diagramm zeigt den Verlauf eines Fallschirmsprungs vom Absprung aus dem Flugzeug bis zur Landung auf dem Boden.
Erkläre für jede einzelne Phase den Verlauf des Diagramms.

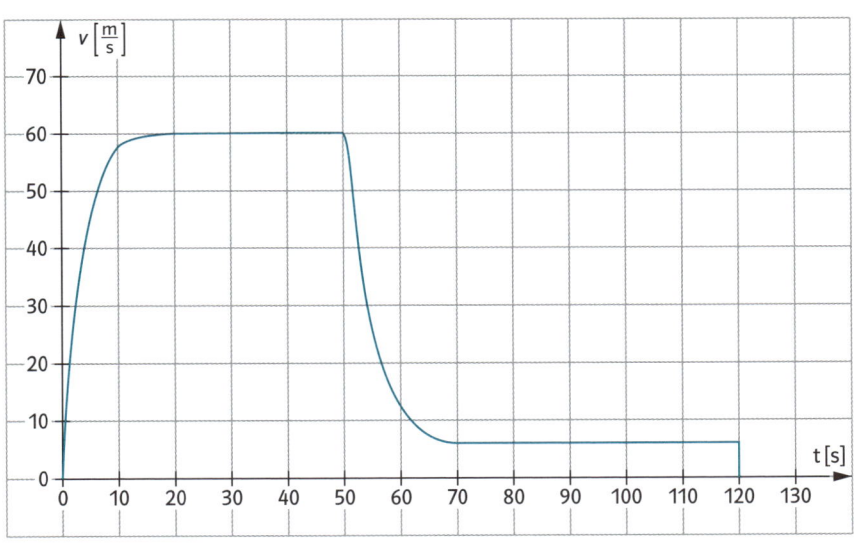

Aufgabe 170

❙ *Fallschirmsprung mit Luftwiderstand*

Ein Fallschirmspringer springt aus einem Flugzeug. Die Flugphase kann dabei in drei Abschnitte unterteilt werden.

Berechne unter Berücksichtigung des Luftwiderstands die maximale Geschwindigkeit einer Person der Masse 80 kg, wenn der Fallschirm noch zusammengepackt ist ($A = 0{,}7\,\text{m}^2$), bzw. wenn der Fallschirm geöffnet ist ($A = 50\,\text{m}^2$).

Widerstandsbeiwert: $c_\text{W} = 1{,}1$;   Luftdichte: $\rho = 1{,}23\,\dfrac{\text{kg}}{\text{m}^3}$

Reibung, Luftwiderstand und Auftrieb

Mit Reibung ist meist die Reibungskraft zwischen zwei Oberflächen gemeint. Diese Reibung hängt stark von den Oberflächenmaterialien ab. Man unterscheidet zwischen Haftreibung, Gleitreibung und Rollreibung. Die jeweilige Reibungskraft erhält man, indem die Normalkraft mit einem entsprechenden Faktor multipliziert wird. Dieser jeweilige Faktor (Haftreibungskoeffizient f_H, Gleitreibungskoeffizient f_G, Rollreibungskoeffizient f_R) ist eine reelle Zahl, deren Wert davon abhängt, welche Materialien aufeinander reiben:

$$F_\text{H} = f_\text{H} \cdot F_\text{N} \qquad F_\text{G} = f_\text{G} \cdot F_\text{N} \qquad F_\text{R} = f_\text{R} \cdot F_\text{N}$$

Der Luftwiderstand ist streng genommen auch eine Art Reibungskraft. Diese Luftwiderstandskraft wirkt immer der Bewegungsrichtung eines Körpers entgegen. Sie ist von der Geschwindigkeit v des Körpers, der Oberfläche A des Körpers, der Dichte ρ und dem sogenannten Widerstandsbeiwert c_W abhängig. Der Widerstandsbeiwert ist dabei eine reelle Zahl:

$$F_\text{L} = \tfrac{1}{2} c_\text{W} \cdot \rho \cdot A \cdot v^2$$

Die Auftriebskraft ist stets der Gewichtskraft entgegen gerichtet und hängt vom dem Körpervolumen V und der Dichte ρ der umgebenden Materie ab:

$$F_\text{A} = g \cdot V \cdot \rho$$

In den meisten Fällen wird idealisiert gerechnet, d.h. Reibung, Luftwiderstand und Auftrieb werden vernachlässigt. Dabei wird immer ein Fehler begangen, der sich je nach Aufgabe mehr oder weniger stark auf das Ergebnis auswirkt.

Aufgabe 171

▌ *Drehfrequenz, Bahngeschwindigkeit*

Moderne Festplatten, wie sie in den meisten PCs verbaut sind, machen bis zu 7200 Umdrehungen pro Minute. Der äußere Rand der Platte hat einen Abstand von etwa 4,5 cm zur Mitte.
Berechne die maximale Bahngeschwindigkeit eines Punkts am Rand der Festplatte.

Aufgabe 172

▌ *Drehfrequenz, Zentripetalkraft*

Windkraftanlagen besitzen zumeist dreiblättrige Rotoren.
Wie groß ist die Kraft, die eine Biene (Masse 250 mg) aufbringen müsste, um sich auf der Spitze eines Rotors (Radius 45 m) bei 26 Umdrehungen pro Minute zu halten?
Dem wievielfachen ihres Körpergewichts entspricht diese Kraft?

Aufgabe 173

▌ *Zentripetalkraft, Gewichtskraft*

Betty Heidler hat am 21. Mai 2011 mit 79,42 m einen Weltrekord im Hammerwerfen der Frauen aufgestellt. Ihr Sportgerät (der „Hammer") besteht aus einer 4 kg schweren Metallkugel mit einer Drahtlänge von 1,195 m. Ihre Armlänge beträgt etwa 70 cm. Messungen ergaben, dass Heidler bei Ihrem Weltrekordversuch eine Abwurfgeschwindigkeit von $29 \frac{m}{s}$ erreichte.
Welche Kraft musste die Werferin bei diesem Versuch aufbringen?
Vergleiche diese auch mit deiner Gewichtskraft.

Aufgabe 174

▎*Bahngeschwindigkeit, Geschwindigkeitsvektor*

Bei Schleifmaschinen, wie man sie zum Beispiel zum Schärfen von Messern verwendet, kommt es häufig zu Funkenflug. Mitunter können auch Späne wegfliegen.

a) Finde eine Erklärung für die Richtung des Funken- bzw. Späneflugs in dieser Abbildung.

b) Mit welcher Geschwindigkeit können Späne wegfliegen, wenn die Schleifscheibe (Radius $r = 7{,}5$ cm) 2500-mal in der Sekunde rotiert?

Physikalische Größen

In der Physik unterscheidet man zwischen vektoriellen und skalaren Größen.

Bei vektoriellen Größen, wie zum Beispiel der Kraft oder der Geschwindigkeit, hat neben dem Betrag auch die Richtung eine physikalische Bedeutung.

Skalare Größen sind dagegen durch ihren Betrag bereits vollständig beschrieben (z. B. Zeit oder Masse).

Aufgabe 175

| *Zentripetalkraft, Kräftegleichgewicht*

An einer Schnur der Länge $l = 1\,\text{m}$ wird ein Gewichtsstück der Masse $m = 1\,\text{kg}$ befestigt. Die Schnur hält eine maximale Zugkraft von $F = 15\,\text{N}$ aus.

Berechne die größtmögliche Drehfrequenz dieser Anordnung.

Aufgabe 176

| *Bahngeschwindigkeit, Zentripetalkraft*

Das Schleuderprogramm einer Waschmaschine soll dafür sorgen, dass überschüssiges Wasser aus der gewaschenen Kleidung nach außen gelangen kann. Dazu rotiert die gelochte Trommel (Durchmesser $d = 60\,\text{cm}$) mit 40 Umdrehungen pro Sekunde.

a) Mit welcher Geschwindigkeit bewegt sich die Trommelwand?

b) Mit welcher Kraft müsste dort ein Wassertropfen ($m = 1\,\text{g}$) vom Gewebe festgehalten werden, um nicht wegzufliegen?

Aufgabe 177

| *Zentripetalkraft, Gewichtskraft, Kräftegleichgewicht*

Ein 10-Liter-Eimer ist zu einem Viertel mit Wasser gefüllt. Er wird an einer Schnur befestigt, sodass er in einem Kreis mit horizontaler Achse herumgeschleudert werden kann.

Wie groß muss die Drehfrequenz mindestens sein, damit im höchsten Punkt eines Kreises mit dem Radius $r = 2\,\text{m}$ kein Wasser nach unten tropft?

7./8.
KLASSE

9./10.
KLASSE

Aufgabe 178

❘ *Reibungskraft, Zentripetalkraft, Bahngeschwindigkeit*

Auf einer runden Scheibe liegen Gummizylinder identischer Massen (*m* = 100 g). Versetzt man die Scheibe in Drehung, fallen die Zylinder mit zunehmender Geschwindigkeit nacheinander von der Scheibe.

a) Welche physikalische Größe beeinflusst die Reihenfolge des Herunterfallens?

b) Welcher Zylinder hält sich am längsten auf der Scheibe?

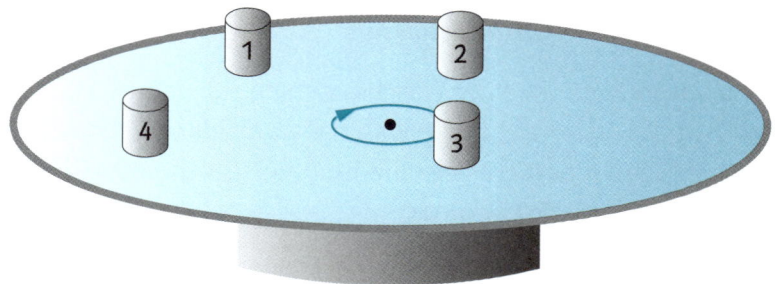

Aufgabe 179

❘ *Drehfrequenz, gleichförmige Bewegung*

Ein Schüler hat auf dem Nachhauseweg mit seinem Fahrrad eine Geschwindigkeit von $25{,}2\,\frac{km}{h}$.
Wie viele Umdrehungen pro Minute macht dabei ein Rad seines 28-Zoll-Fahrrads?

Das SI-System

Im internationalen Einheitensystem, kurz SI-System (franz.: „Système International d'unités") werden Längen in Meter gemessen. Auch in Deutschland sind aber heute noch andere Einheiten, wie zum Beispiel Zoll (Gewinde, Raddurchmesser) gebräuchlich.

Es gilt: 1 Zoll = 0,0254 m

Aufgabe 180

| *Kräfteparallelogramm, Bezugssysteme, Zentrifugalkraft*

Ein Kettenkarussell dreht sich mit einer konstanten Frequenz f_0. Dabei hängen die Ketten nicht mehr senkrecht nach unten, sondern bilden mit der Vertikalen einen Winkel φ. Befindet sich eine Person im Sitz des Karussells, wirken auf sie die eingezeichneten Kräfte. Die Zugkraft F entlang der Kette und die Gewichtskraft G senkrecht zum Boden ergeben zusammen die für die Kreisbewegung erforderliche resultierende Zentripetalkraft F_Z.

Beschreibe, wie sich die Situation für die Person auf dem Sitz ändert, wenn sich die Drehfrequenz des Karussells erhöht.

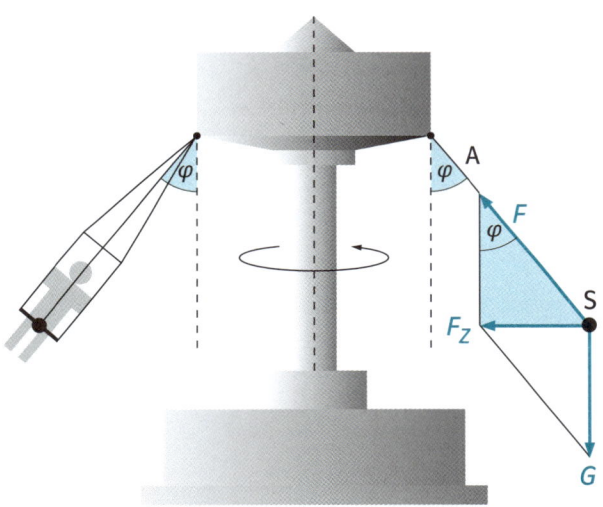

Aufgabe 181

9./10.
KLASSE

I *Gravitationsgesetz, Zentripetalkraft, Bahngeschwindigkeit*

Geostationäre Satelliten, wie beispielsweise der Fernsehsatellit ASTRA, sollen sich immer über demselben Punkt der Erdoberfläche bzw. des Äquators befinden. Wie ist das möglich?

Berechne den Abstand des Satelliten von der Erdoberfläche.

Unsere Erde in Zahlen

Äquatorradius: 6378 km

Gravitationskonstante: $6{,}672 \cdot 10^{-11}\,\mathrm{m^3 \cdot kg^{-1} \cdot s^{-2}}$

Äquatorumfang: 40 075 km

Erdmasse: $5{,}9736 \cdot 10^{24}\,\mathrm{kg}$

Umlaufdauer Eigenrotation: 23 Std. 56 min. 4 Sek. (ca. 24 h)

Sonnenumlaufdauer: 365 Tage 6 Std. 9 min. 10 Sek. (ca. 365 d)

Aufgabe 182

❙ *Zentripetalkraft, Kräftegleichgewicht, Energieerhaltung*

Achterbahnen faszinieren Menschen schon seit vielen Jahrzehnten. Selbst heute noch finden sich in vielen Freizeitparks Bahnen, die während der Fahrt komplett auf einen motorgetriebenen Antrieb verzichten und sich ausschließlich das physikalische Prinzip der Energieumwandlung und Energieerhaltung zu Nutze machen. Einmal an den höchsten Punkt der Bahn geschleppt, werden Wagen samt Insassen quasi sich selbst überlassen.

Aus welcher Höhe h muss ein Achterbahnwagen mindestens starten, damit die Passagiere den abgebildeten Looping unbeschadet durchfahren können?

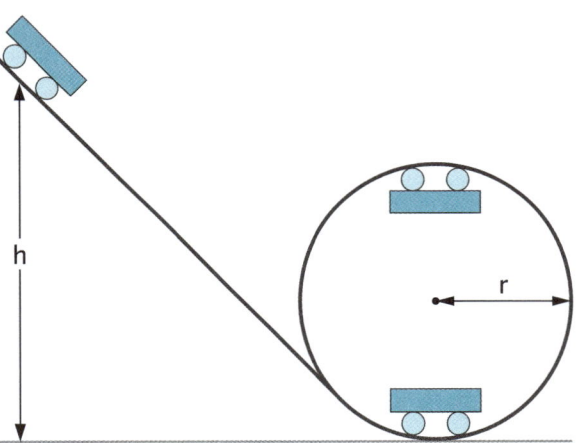

7./8.
KLASSE

9./10.
KLASSE

Aufgabe 183

❙ *Drehimpuls, Drehimpulserhaltung*

Das Turmspringen zählt sicherlich zu den spektakulärsten Disziplinen im Schwimmsport.

Begründe physikalisch die unterschiedlichen Körperhaltungen der Springer bei einer Schraube (Abb. 1) und bei einem Salto (Abb. 2).

Abb. 1: Schraube

Abb. 2: Salto

Rotationsbewegungen

Lineare Bewegungen und Rotationsbewegungen werden mit analogen Größen und Gesetzen beschrieben. In der Tabelle sind entsprechende Größen gegenübergestellt.

Lineare Bewegung	Rotationsbewegung
Weg s	Winkel φ
Geschwindigkeit v	Winkelgeschwindigkeit ω
Beschleunigung a	Winkelbeschleunigung α
Masse m	Trägheitsmoment J
Kraft F	Drehmoment M
Grundgesetz: $F = m \cdot a$	Grundgleichung $M = J \cdot \alpha$
Impuls p	Drehimpuls L
Impulserhaltungssatz	Drehimpulserhaltungssatz

Aufgabe 184

I *Drehimpuls, Drehimpulserhaltung*

Lässt man eine Frisbee-Scheibe einfach los, überschlägt sie sich meist mehrfach und fällt dann sehr schnell zu Boden. Richtig geworfen gleitet sie dagegen viele Meter durch die Luft und senkt sich nur langsam in Richtung Erde.
Wie kann das sein?

Aufgabe 185

I *Drehimpulserhaltung, Trägheitsmoment*

Zwei äußerlich absolut identische Blechdosen haben auch die gleiche Masse. Bei der einen Dose ist diese Masse kontinuierlich verteilt, die andere Dose ist innen hohl und die Masse befindet sich hauptsächlich am Dosenrand.
Wie kannst du die beiden Dosen unterscheiden, ohne sie zu beschädigen?

7./8.
KLASSE

9./10.
KLASSE

Aufgabe 186

▌*Atommodelle*

Das Thomsonsche Atommodell (nach Joseph John Thomson 1856 – 1940) besagt, dass sich negativ geladene Elektronen gleichmäßig, aber ungeordnet in einer positiven Masse verteilen, so wie Rosinen in einem Teig (daher auch der Name „Rosinenkuchenmodell"). Die positive Ladung des Atoms wird durch die eingesetzten negativen Elektronen neutralisiert.

Finde eine experimentelle Beobachtung, die eindeutig die Grenzen dieses Modells aufzeigt. Welche Experimente widerlegen Thomsons „Rosinenkuchenmodell?

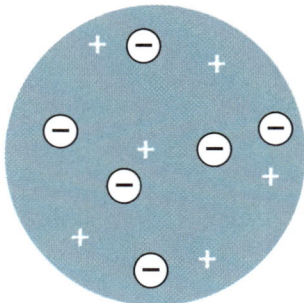

Aufgabe 187

▌*Atommodell, Rutherford-Experiment*

Beschreibe das „Kern-Hülle-Atommodell" wie es Ernest Rutherford (1871 – 1937) nach seinen Streuversuchen von α-Teilchen (Heliumkerne) an einer sehr dünnen Goldfolie formulierte.

Aus welchen experimentellen Beobachtungen konnte er seine Postulate ableiten?

Aufgabe 188

❙ Kernladungszahl, Nukleonenzahl, Ordnungszahl

Stelle in einer Tabelle für folgende Atome die Namen der Elemente sowie die Anzahl ihrer Elektronen, Protonen und Neutronen zusammen:

$$^{7}_{3}\text{Li}, \quad ^{16}_{8}\text{O}, \quad \text{Pb-206}, \quad \text{Sr-90}, \quad ^{235}_{92}\text{U}, \quad \text{Th-232}$$

Aufgabe 189

❙ Atomare Dimensionen

Menschliche Haare wachsen in drei Tagen ungefähr 1 mm. Der Durchmesser eines Atoms dagegen beträgt etwa 0,1 nm. Wie viele Atome müssten somit theoretisch bei einem Haar in einer Sekunde aneinandergereiht werden?
(Es soll unberücksichtigt bleiben, dass tatsächlich stets Gruppen von Atomen, also Moleküle ausgebildet werden).

Einheitenvorsätze

Hinweis:
Im Einheitensystem der Physik verwendet man für bestimmte Bruchteile bzw. Vielfache einer Einheit definierte Vorsätze (Präfixe).

Symbol	Name	Wert	
M	Mega	10^6	1 000 000
k	Kilo	10^3	1000
d	Dezi	10^1	10
m	Milli	10^{-3}	0,001
µ	Mikro	10^{-6}	0,000 001
n	Nano	10^{-9}	0,000 000 001

7./8.
KLASSE

9./10.
KLASSE

Aufgabe 190

I *Isotope, Wasserstoffatom*

Erkläre am Beispiel des Wasserstoffs den Begriff des Isotops.
Worin unterscheiden sich Protonium, Deuterium und Tritium?

Aufgabe 191

I *Nachweis radioaktiver Strahlung, Zählrohr*

Radioaktive (ionisierende) Strahlung ist unsichtbar. Zum Nachweis verwendet man daher ein Zählrohr (z. B. Geiger-Müller-Zählrohr). Erkläre
anhand einer Skizze, dass es bei Versuchen mit dem Zählrohr von entscheidender Bedeutung ist, wie groß der Abstand zwischen Präparat
und Zählrohröffnung gewählt wird.

Aufgabe 192

I *Arten radioaktiver Strahlung, Abschirmung*

Wie lässt sich durch einen Abschirmungsversuch mit Papier, Aluminium
und Blei experimentell nachweisen, welche Strahlungsarten in einem
Radiumpräparat vorkommen?

Aufgabe 193

❙ *Eigenschaften radioaktiver Strahlung, α-, β- und γ-Strahlung*

Im abgebildeten Versuch bringt man vor ein radioaktives Präparat eine Bleiblende mit kleiner kreisförmiger Öffnung.
Ohne Magnet beobachtet man die höchste Zählrate in der Position A.
Bringt man dagegen einen kräftigen Hufeisenmagneten hinter die Blende, geht die Zählrate in A nahezu auf null zurück, während in Stellung B ein neues Maximum zu verzeichnen ist.
Erkläre diese Beobachtung.
Um welches radioaktive Präparat könnte es sich handeln?

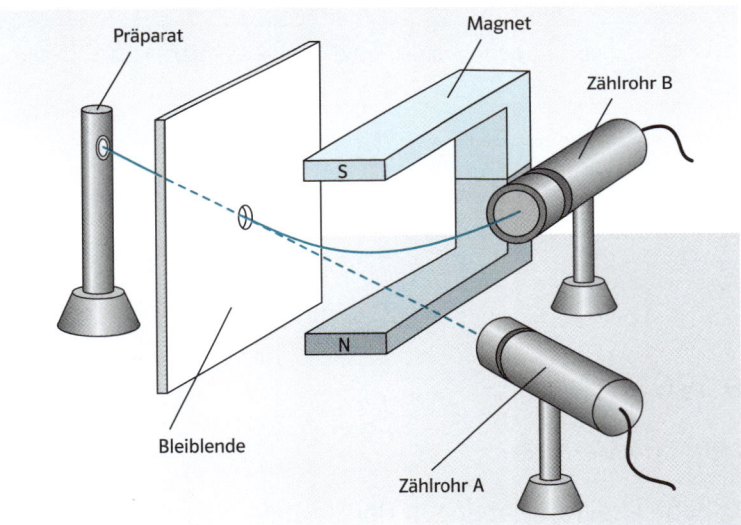

Aufgabe 194

❙ *Halbwertszeit, Zerfallsgesetz*

Technetium (Tc) ist ein chemisches Element, dessen sämtliche Nuklide instabil (radioaktiv) sind und zerfallen. Das Isotop Tc-99 ist aufgrund seiner kurzen Halbwertszeit $\left(T_{\frac{1}{2}} = 6\,\text{h}\right)$ und seiner Fähigkeit, sich an Biomoleküle anzulagern, eines der wichtigsten nuklearmedizinischen Elemente für bildgebende Diagnostik.
Wie viel Prozent der für eine Untersuchung in den menschlichen Körper injizierten Tc-99 Substanz sind am nächsten Tag, also nach 24 noch vorhanden?

Aufgabe 195

| *Ionisationskammer, Halbwertszeit*

In einer Plastikflasche befindet sich Thoriumsalz, aus dem radioaktives Radongas entsteht, das in einen Metallbehälter geleitet wird. Die Metallkammer wird verschlossen und zwischen Elektrode im Inneren und Metallwand eine Hochspannung angelegt. Das radioaktive Radon zerfällt und ionisiert die Luft, weshalb man einen winzigen Strom (einige pA) messen kann. Je mehr Kerne zerfallen, desto höher ist die Stromstärke.

Die Messtabelle zeigt den Ionisationsstrom I in Abhängigkeit der Zeit t:

t [s]	0	20	40	60	80	100	120	140	160	180
I [pA]	69	52	41,5	32	25	18,5	15	11,5	9	8

Zeichne ein $I(t)$-Diagramm und bestimme die Halbwertszeit des radioaktiven Radonisotops.

Aufgabe 196

| *Halbwertszeit, C-14 Methode*

Archäologen haben bei Ausgrabungen Höhlenmalereien entdeckt und versucht, die Holzkohlezeichnungen mithilfe der C-14 Methode zu datieren.

Dazu wird die Aktivität der gefundenen Probe (19,8 Zerfälle pro Minute) mit der Aktivität einer frischen Referenzprobe (32,2 Zerfälle pro Minute) verglichen. Zusammen mit der Halbwertszeit des radioaktiven C-14 Isotops (5730 Jahre), lässt sich das Alter des Fundes ungefähr bestimmen. Berechne.

Aufgabe 197

I *Zerfallsreihen, Nuklidkarte*

Das radioaktive Element Polonium Po-216 zerfällt über ebenfalls radioaktive Zwischenprodukte zum stabilen Bleikern Pb-208. Gib mithilfe der
Nuklidkarte die Zerfallsarten und die Reaktionsgleichungen für Po-216
und alle Folgeprodukte an.

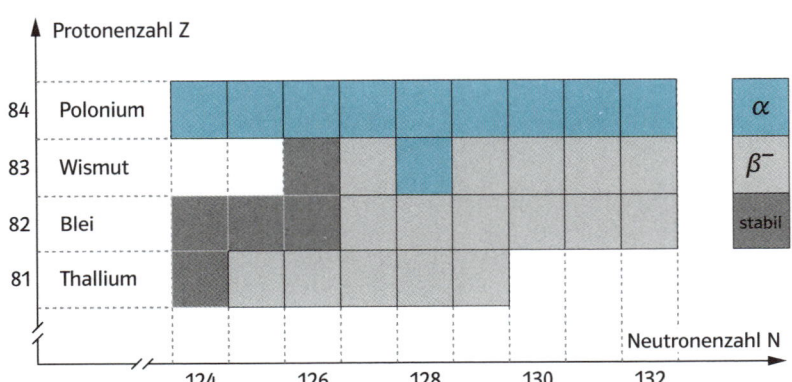

Aufgabe 198

I *Kernreaktionen, Kernspaltung, Massendefekt*

Beschreibe den Ablauf einer künstlichen Kernspaltung am Beispiel des
in Atomreaktoren verwendeten Uran 235 Isotops.
Wieso kommt es hierbei zu einer Kettenreaktion und wie lässt sich aus
dem Spaltungsprozess Energie gewinnen?

Aufgabe 199

I *Wirkung ionisierender Strahlung, medizinische Folgen*

Radioaktive Strahlung ionisiert nicht nur Gase im Geiger-Müller-Zählrohr
oder einer Ionisationskammer; sie kann ihre ionisierende Wirkung auch
im menschlichen Körper entfalten, was sie für uns so gefährlich macht.
Zähle mögliche Wirkungen ionisierender Strahlung auf den Organismus
auf und beschreibe die auftretenden Symptome.

Aufgabe 200

❙ Aktivität, Energiedosis, Äquivalentdosis

Nimmt ein Mensch mit der Nahrung Cs-137 zu sich, so erhält sein Körper eine Dosis von $1{,}38 \cdot 10^{-8}$ Sievert je Becquerel.

Nach der Reaktorkatastrophe von Tschernobyl (26. April 1986) waren vor allem Wild, Pilze, Gemüse und Waldfrüchte stark radioaktiv belastet. Welche Strahlenexposition enthält dann ein Gericht aus 250 g Wildschwein $\left(4200\,\dfrac{\text{Bq}}{\text{kg}}\right)$, 80 g Waldpilzen $\left(12\,500\,\dfrac{\text{Bq}}{\text{kg}}\right)$ und 15 g Preiselbeeren $\left(6450\,\dfrac{\text{Bq}}{\text{kg}}\right)$. Vergleiche diesen Wert mit der mittleren natürlichen Strahlenexposition in Deutschland von etwa 2,1 mSv pro Jahr.

Größen und Einheiten zur Radioaktivität

Die Aktivität A gibt an, wie viele Kerne ΔN eines radioaktiven Stoffes in einer bestimmten Zeit Δt zerfallen sind.

$$A = \frac{\Delta N}{\Delta t}$$

Die Einheit der Aktivität ist das Becquerel (Bq): $1\,\text{Bq} = 1\,\dfrac{1}{\text{s}}$

Die Energieabgabe radioaktiver Strahlung pro Masseneinheit bezeichnet man als Energiedosis. Die Einheit der Energiedosis ist somit: $1\,\dfrac{\text{J}}{\text{kg}}$.

Um die biologischen Wirkungen unterschiedlicher radioaktiver Strahlungen vergleichen zu können, „korrigiert" man die Energiedosis noch mit einem strahlungsabhängigen Faktor und erhält so die sog. Äquivalentdosis.

Die Einheit der Äquivalentdosis ist das Sievert (Sv): $1\,\text{Sv} = 1\,\dfrac{\text{J}}{\text{kg}}$

Möchte man darüber hinaus noch eine Unterscheidung der Strahlungsempfindlichkeit einzelner Organe vornehmen, erhält man durch einen weiteren (organspezifischen) Gewichtungsfaktor die sogenannte effektive Dosis.

LÖSUNGEN

Lösungen Schuljahre 7/8

Bei den rechnerischen Lösungen wird mit den nicht gerundeten Werten bis zum Endergebnis gerechnet. Bei manchen Lösungen sind gerundete Zwischenergebnisse angegeben.

Aufgabe 1

Zur Ausbreitung von Schall ist ein Medium (Schallträger) notwendig. Im Vakuum breitet sich Schall nicht aus. Der Schall breitet sich von der Schallquelle symmetrisch in alle Richtungen aus.
Schall wird ähnlich wie bei einem Dominospiel weitergeleitet. Die Stöße finden hierbei nur in alle Richtungen z. B. unter den im Raum frei beweglichen Luftteilchen statt. Die dadurch entstehenden Verdichtungen und Verdünnungen wandern durch den Schallträger.

Aufgabe 2

Um zu zeigen, dass Schall einen Träger zur Ausbreitung benötigt, müssen zwei Versuchsteile mit demselben Versuchsaufbau durchgeführt werden.
In beiden Fällen muss ein Tonerreger (z. B. Klingel) ein Geräusch in einem bestimmten Versuchsfeld (z. B. Glasglocke) abgeben. Solange sich Luft in dem Glasgefäß befindet, wird man den Ton hören können. Wird die Luft abgepumpt, so wird der Ton immer leiser, bis er letztlich nicht mehr zu hören ist.

Aufgabe 3

Man muss die gemessene Zeit durch die Anzahl der Schwingungen teilen, um die Periodendauer T zu erhalten: $T = \frac{t}{n}$

Die Frequenz f ist der Kehrwert der Periodendauer T: $f = \frac{1}{T}$

Gemessene Zeit t [s]	10,95	10,80	11,10
Periodendauer T [s]	0,73	0,72	0,74
Frequenz f [Hz]	1,37	1,39	1,35

Aufgabe 4

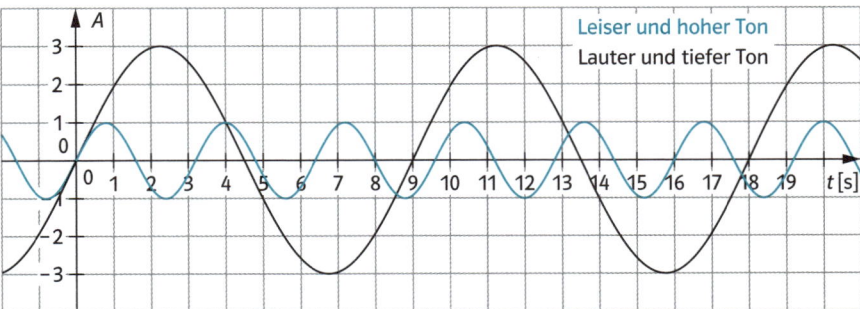

Je größer die Amplitude, desto lauter ist der Ton, deshalb muss der leise Ton eine kleine und der laute Ton eine große Amplitude haben.

Je größer die Schwingungsdauer, desto tiefer ist der Ton, deshalb muss der hohe Ton eine geringere und der tiefe Ton eine größere Schwingungsdauer haben.

Die Unterschiede in den beiden Schwingungsbildern liegen also in der Amplitude und der Schwingungsdauer.

Aufgabe 5

1 Zentimeter entspricht genau einer halben Schwingung, d. h. $T = 2\,\text{ms}$.

Die Frequenz wird berechnet zu: $f = \dfrac{1}{T} = \dfrac{1}{2\,\text{ms}} = \dfrac{1}{0{,}002\,\text{s}} = 500\,\text{Hz}$.

Schwingungsbild eines leiseren Tons mit derselben Frequenz:

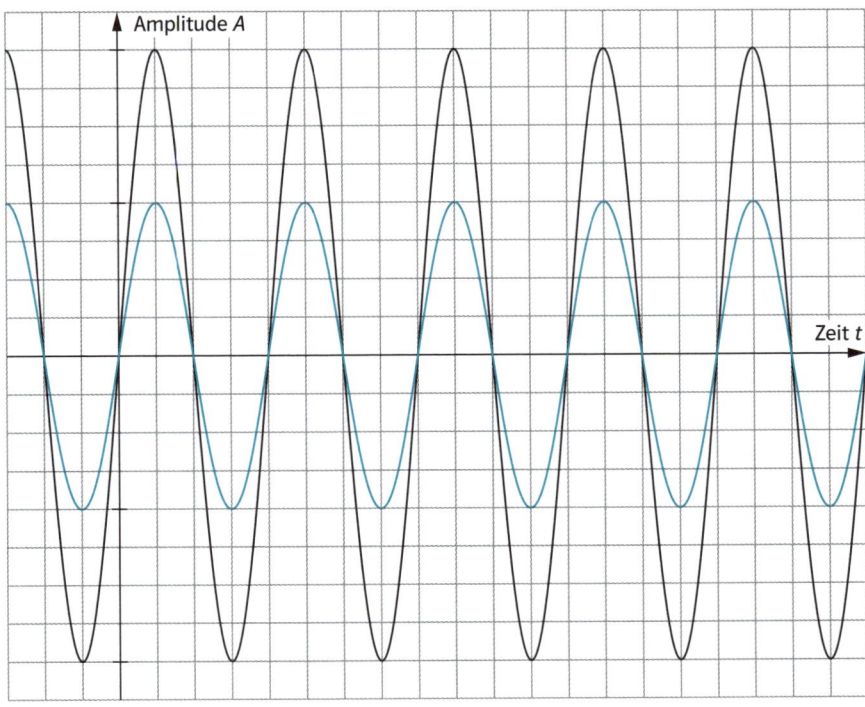

Aufgabe 6

Die Oszilloskopbild eines Tons ist regelmäßig (regelmäßige Wellenlinie). Ein sogenannter reiner Ton ist eine einfache Sinusschwingung. Bei einem Klang wiederholen sich gleichmäßige Abschnitte, ein Klang setzt sich aus mehreren Sinusschwingungen zusammen. Das Oszilloskopbild eines Geräuschs ist vollkommen unregelmäßig und gezackt.

Ton

Klang

Geräusch

Aufgabe 7

Ist ein Ton eine Oktave tiefer, so halbiert sich seine Frequenz, d.h. sie beträgt 220 Hz.
Ist ein Ton eine Oktave höher, wird die Frequenz verdoppelt, sie beträgt 880 Hz.

Aufgabe 8

$$c_s = \frac{s}{t} \quad \Rightarrow \quad s = c_s \cdot t = 343\,\tfrac{m}{s} \cdot 2{,}5\,s = 857{,}5\,m$$

Das Gewitter ist etwa 857,5 m entfernt.

Aufgabe 9

Die Entfernung zur Wand muss verdoppelt werden, da der Schall zur Wand hin und wieder zum Ohr zurücklaufen muss:

$$c_s = \frac{s}{t} \quad \Rightarrow \quad t = \frac{s}{c_s} = \frac{400\,m}{343\,\tfrac{m}{s}} \approx 1{,}17\,s$$

Man hört das Echo nach 1,17 s.

Aufgabe 10

Für eine Frequenz von 2200 Hz muss der Luftstrom in einer Sekunde 2200-mal unterbrochen werden. Bei 20 Umdrehungen pro Sekunde gilt also für die Anzahl der Löcher:

$$n = \frac{f_{Schall}}{f_{Scheibe}} = \frac{2200\,Hz}{20\,Hz} = 110$$

Die Sirene hat 110 Löcher.

Aufgabe 11

Wird eine Laufzeit von 0,52 s gemessen, so benötigt der Schall für den Weg bis zum Meeresboden die Hälfte der Zeit, also 0,26 s.

$$c_w = \frac{s}{t} \quad \Rightarrow \quad s = c_w \cdot t = 1500\,\frac{m}{s} \cdot 0,26\,s = 390\,m$$

Die Meerestiefe beträgt 390 m.

Aufgabe 12

Das menschliche Ohr kann Frequenzen in einem Bereich von etwa 16 Hz bis 21 kHz hören. Hohe Frequenzen werden dabei mit zunehmendem Alter weniger gut wahrgenommen.
Den Frequenzbereich unterhalb der menschlichen Hörgrenze nennt man Infraschall, oberhalb der menschlichen Hörgrenze spricht man von Ultraschall.

Aufgabe 13

Karl hat nicht recht. Die Dezibelskala ist nicht linear aufgebaut, sondern logarithmisch. Eine Verdopplung der Lautstärke entspricht einer Erhöhung um 10 dB. Daraus könnte man schließen, dass bei zwei Rasenmähern 80 dB gemessen werden. Da das menschliche Ohr allerdings erst bei 10 Rasenmähern eine Verdopplung der Lautstärke empfindet, ist eine Steigerung um 3 dB richtig.
Es werden also 73 dB gemessen.

Aufgabe 14

Wir benötigen zwei Ohren, um räumlich hören zu können. Kommt der Schall von einer Seite, so wird z. B. zuerst das rechte Ohr erreicht und mit einer gewissen Zeitverzögerung das linke Ohr. Aus dieser Zeitdifferenz lässt sich bestimmen, aus welcher Richtung der Schall kommt.

Aufgabe 15

Wird z. B. beim Sprechen oder Singen der Klang von Wänden reflektiert, so kommt es aufgrund der kurzen Entfernungen oft dazu, dass man den eigentlichen Klang und die Reflexion an den Wänden nicht getrennt voneinander wahrnehmen kann. Ist dies der Fall, so spricht man vom Nachhall.
Der Unterschied zum Echo ist, dass bei einem Echo der ursprüngliche Klang und dessen Reflexion getrennt voneinander wahrgenommen werden können.

7./8.
KLASSE

9./10.
KLASSE

Aufgabe 16

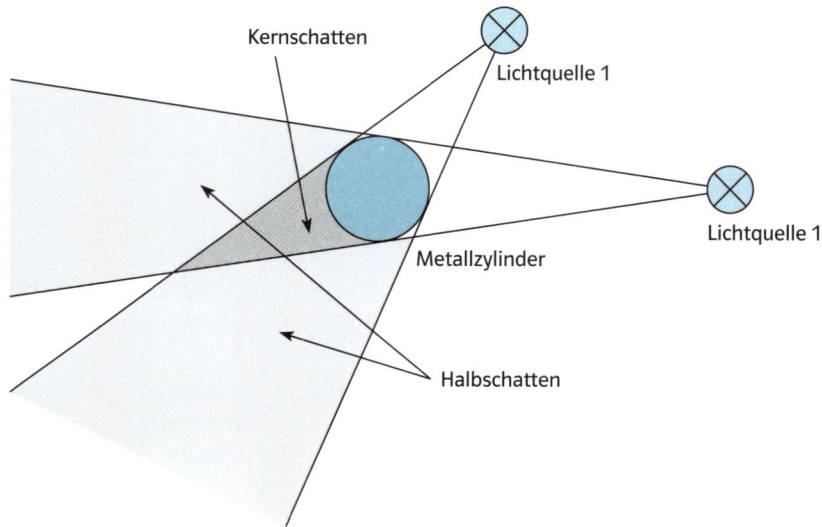

Aufgabe 17

Eine Mondfinsternis entsteht, wenn sich die Erde zwischen Sonne und Mond befindet (anstelle von Vollmond). In diesem Fall fällt der Kernschatten der Erde auf den Mond und verdeckt ihn.

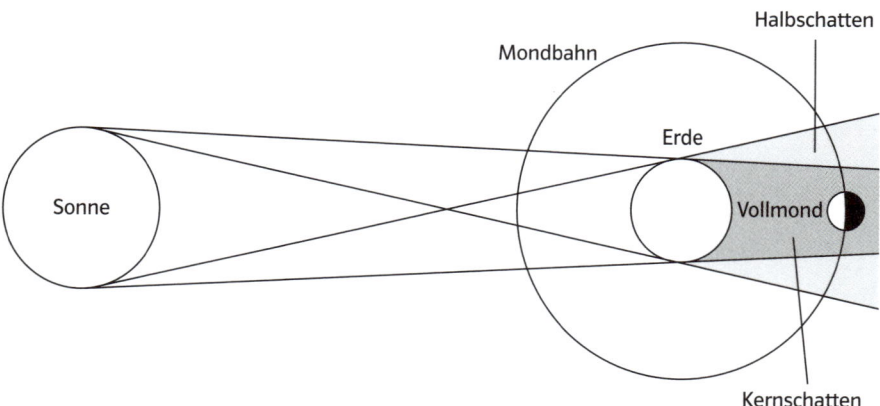

Im Fall der Sonnenfinsternis steht der Mond genau zwischen Erde und Sonne (anstelle von Neumond). Der Kernschatten des Mondes fällt dann auf die Erde.

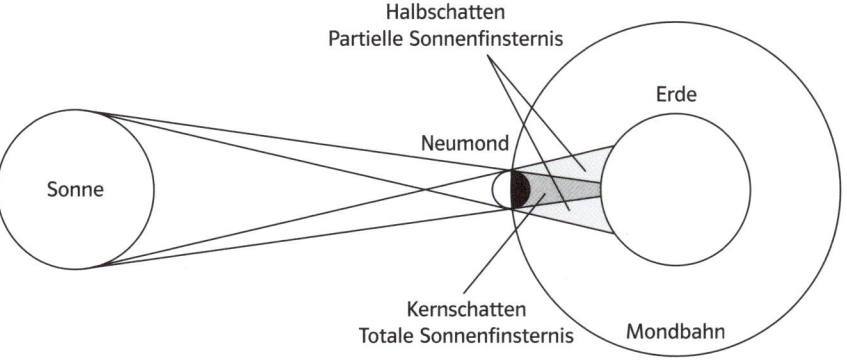

Eine Finsternis kann nur auftreten, wenn die Bahnneigung (Ekliptik) so steht, dass die 3 Himmelskörper in einer Ebene liegen.

Aufgabe 18

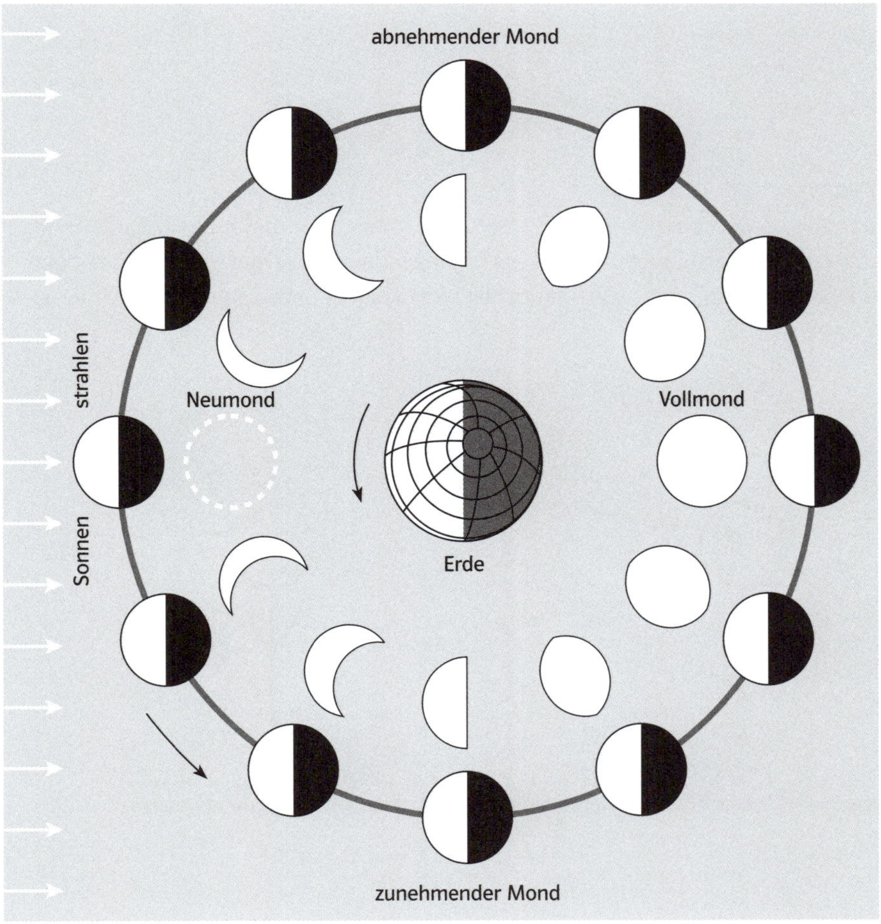

Aufgabe 19

a) Eine Lochkamera besteht aus einem lichtdurchlässigen Schirm und einer lichtundurchlässigen Blende. In der Blende befindet sich ein kleines Loch, durch das Licht auf den Schirm gelangen kann. Da sich Licht geradlinig ausbreitet, steht das Bild auf dem Kopf und ist seitenverkehrt.

b)

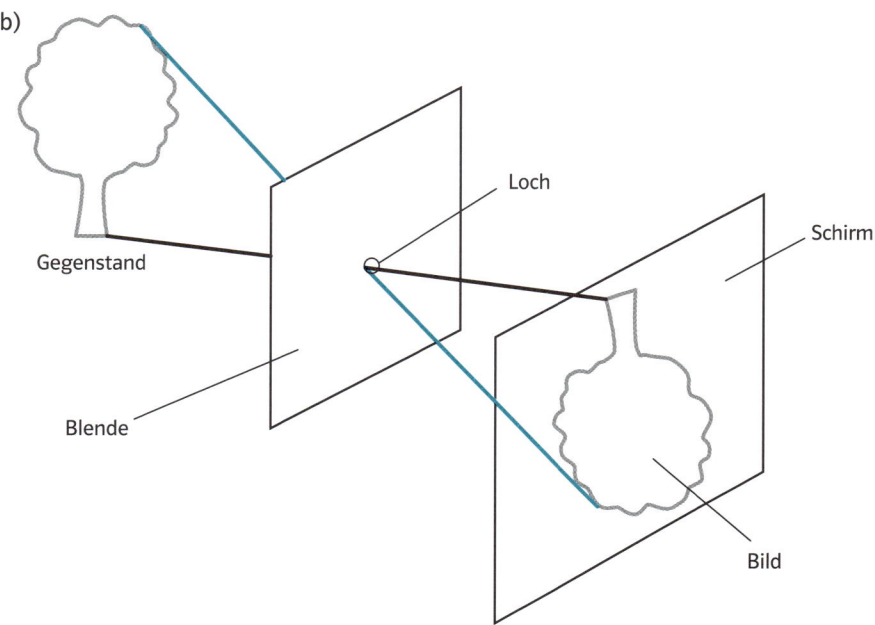

Aufgabe 20

Damit das Männchen sich ganz sehen kann, muss man zuerst das Männchen an der Wandachse spiegeln. Anschließend verbindet man jeweils die Hutspitze und die Füße mit dem Auge des Männchens und erhält so die Lage und die Größe des Spiegels.

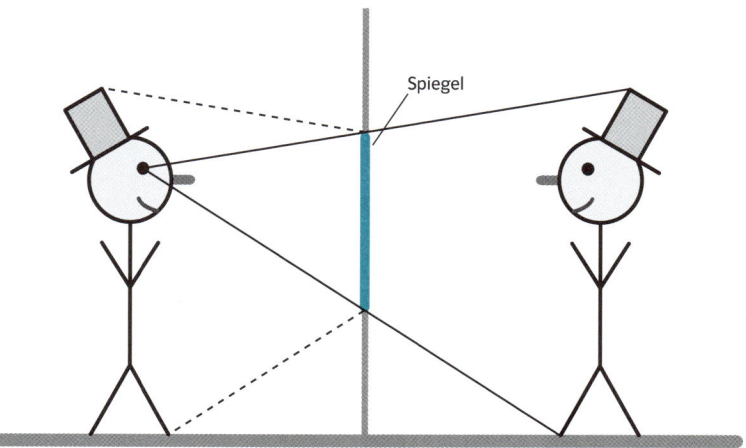

Aufgabe 21

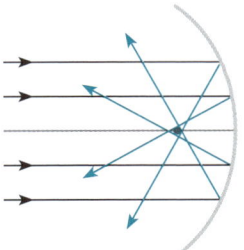 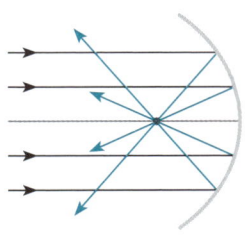 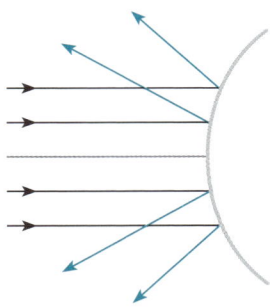

Die Strahlen treffen sich nicht genau in einem Punkt.

Alle Strahlen treffen sich in einem Punkt.

Die Strahlen werden nach außen abgelenkt.

Aufgabe 22

Beim Übergang von optischen Medien unterschiedlicher optischer Dichte wird Licht gebrochen, d.h. die Richtung des Lichtstrahls ändert sich.

Aufgabe 23

Hier sind mehrere Versuchsbeschreibungen möglich. Exemplarisch wird ein Versuch beschrieben.

Erzeuge mithilfe einer Lampe und einer Lochblende einen schmalen Lichtstrahl. Richte den Lichtstrahl auf die Mitte der ebenen Seite einer halbkreisförmigen Glasscheibe. Drehe nun die Glasscheibe vorsichtig und achte darauf, dass der Lichtstrahl weiter mittig auftrifft.

Beobachtet man den Verlauf des Lichtstrahls innerhalb der Glasscheibe, so kann man sehen, dass der Lichtstrahl einen Knick macht.

Aufgabe 24

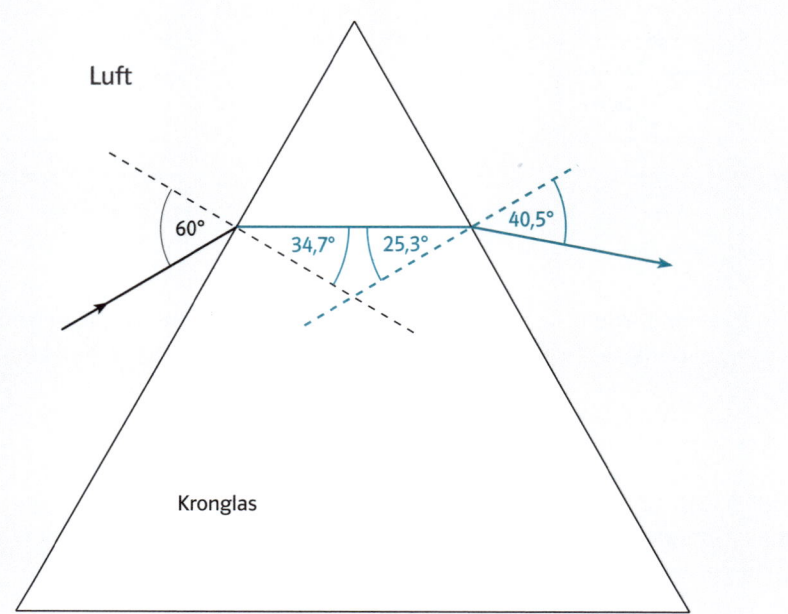

Aufgabe 25

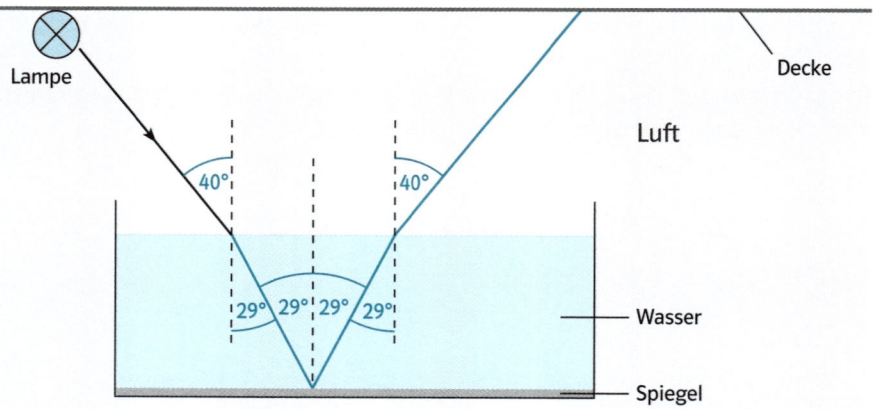

Aufgabe 26

Beim Übergang vom optisch dichteren zum optisch dünneren Medium tritt ab einem bestimmten Einfallswinkel (Grenzwinkel) Totalreflexion auf. In diesem Fall wird das Licht nicht mehr gebrochen, sondern nur noch reflektiert. Das Licht kann somit nicht mehr von dem einen in das andere Medium übergehen.

Aufgabe 27

Zur Lösung müssen nicht alle drei Strahlen eingezeichnet werden, zwei Strahlen reichen aus.

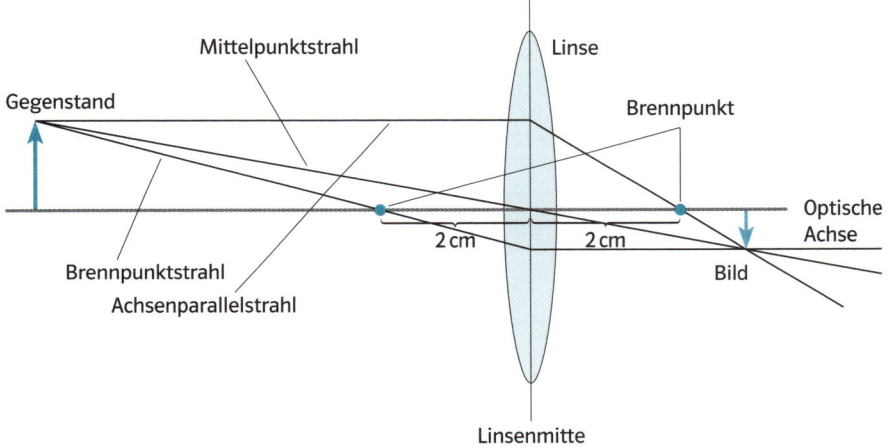

Aufgabe 28

a) Die Bildgröße ist größer als die Gegenstandsgröße, wenn sich der Gegenstand zwischen der einfachen und der doppelten Brennweite befindet. Ist der Gegenstand weiter als die doppelte Brennweite von der Linse entfernt, so ist das Bild kleiner als der Gegenstand.

b) Wird die Gegenstandsweite erhöht und die Größe des Gegenstands nicht geändert, so wird die Bildgröße kleiner. Je weiter man den Gegenstand von der Linse entfernt, desto kleiner wird das Bild und desto näher rückt das Bild an die Linse heran.
Dies gilt, solange der Gegenstand weiter als die Brennweite entfernt ist.

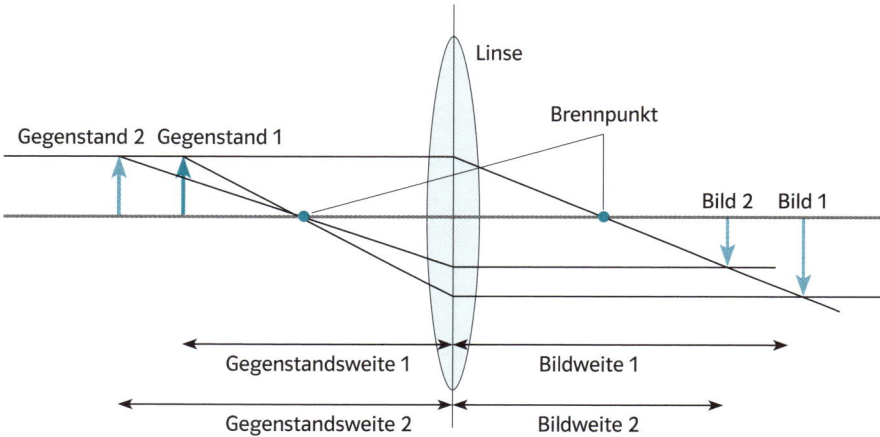

Aufgabe 29

Konvex-konkav-Linse

Die Linse ist rechts stärker gekrümmt als links.

Es ist eine Zerstreuungslinse.

Konkav-konvex-Linse

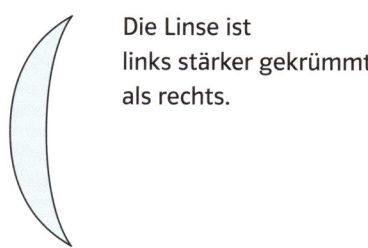

Die Linse ist links stärker gekrümmt als rechts.

Es ist eine Sammellinse.

Aufgabe 30

Ein Mikroskop besteht aus zwei Sammellinsen, die auch Objektiv und Okular genannt werden. Für eine kompaktere Bauweise werden zusätzlich oft Ablenk-spiegel verwendet, die hier jedoch nicht berücksichtigt werden, da sie nur die Aufgabe haben, das Licht abzulenken, jedoch nicht zur Vergrößerung beitragen. Der Abstand zwischen den beiden Sammellinsen ist bei einem Mikroskop deutlich größer als die Summe ihrer beiden Brennweiten. Der zu beobachtende Gegen-stand muss dicht vor dem Brennpunkt des Objektivs liegen. Dadurch wird ein auf dem Kopf stehendes, vergrößertes Zwischenbild des Gegenstands erzeugt.

Das Zwischenbild liegt zwischen Okular und Brennweite des Okulars. Damit er-zeugt das Okular ein nochmals vergrößertes, nicht verdrehtes Bild des Zwischen-bildes.

Insgesamt sieht man also ein stark vergrößertes, umgekehrtes Bild des Gegen-standes.

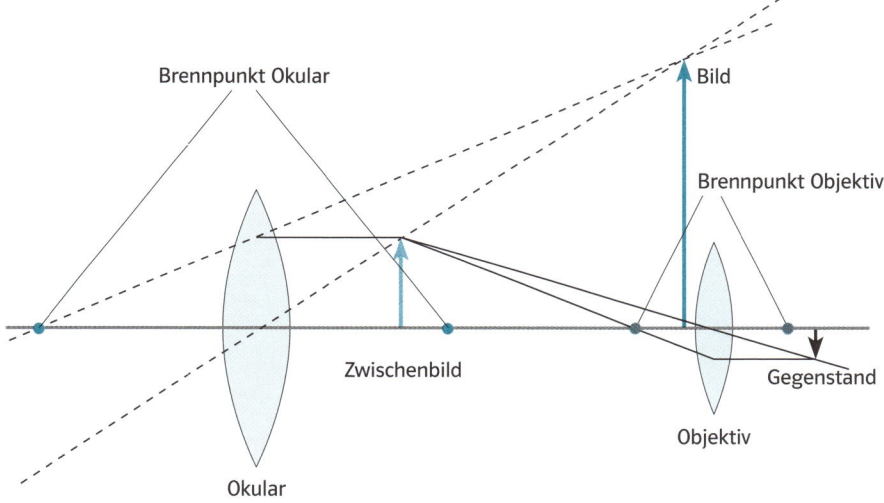

Aufgabe 31

Im ersten Fall ist der mittlere Bereich gelb, im zweiten Fall cyanfarben.

Aufgabe 32

Der Schatten erscheint magentafarben.

Eigentlich wird das Grau des Schattens von dem grünen Licht nicht verändert. Der Schatten erscheint farbig, da beim Sehen automatisch ein Weißabgleich durchgeführt wird. Deshalb wird dieser Farbeindruck in der Komplementärfarbe hervorgerufen.

Aufgabe 33

Die Magnetfeldlinien verlaufen von Nord nach Süd. Sie treffen nicht immer senkrecht auf die Oberfläche der Magneten.

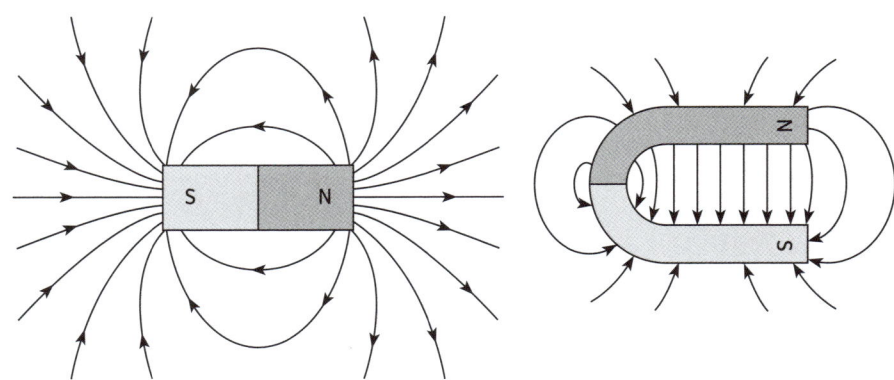

Aufgabe 34

a)

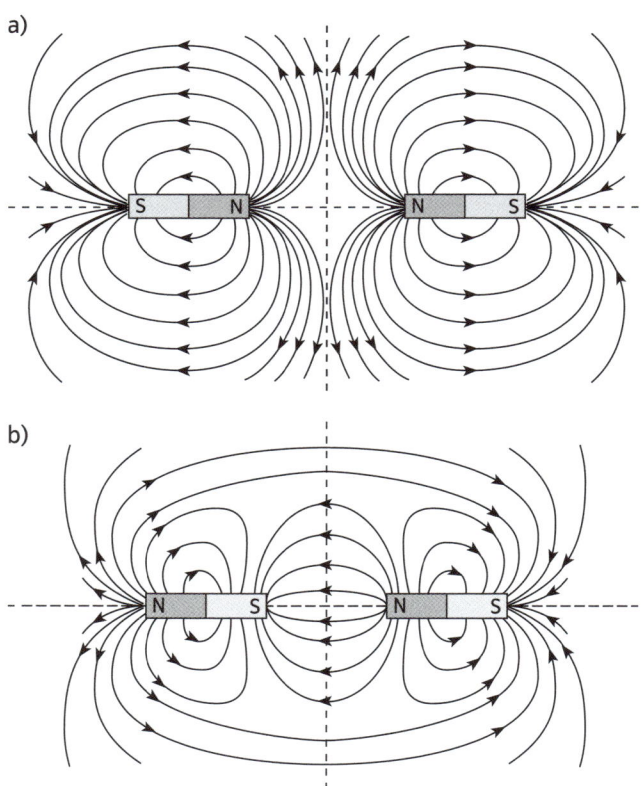

b)

Aufgabe 35

a) Beispielsweise kann der Stabmagnet in eine Schachtel mit vielen Nägeln getaucht werden. Zieht man den Magneten wieder heraus, so erkennt man, dass an den Polen sehr viele Nägel hängen, in der Mitte des Magneten jedoch nur sehr wenige. Die Anzahl der Nägel ist ein Maß für die Stärke des Magnetfeldes. Eine andere Möglichkeit wäre die Darstellung des Magnetfeldes z. B. durch Eisenfeilspäne. Je dichter die Feldlinien liegen, desto stärker ist das Magnetfeld.

b) Die magnetische Kraft kann abgeschirmt werden. Zum Beispiel dadurch, dass eine Eisenplatte (auch Kobalt oder Nickel sind möglich) zwischen den Magneten und den Eisennagel gebracht wird.

Aufgabe 36

a) Die Deklination (Ortsmissweisung) gibt die Abweichung (in Grad) des geographischen Nordpols vom magnetischen Nordpol an.
Der geographische Nordpol ist durch die Rotationsachse der Erde festgelegt, der magnetische Nordpol ist die Stelle, an der die Feldlinien senkrecht aus der Erde „austreten". Diese Stelle ändert ihre Position im Lauf der Zeit.

b) Auf der Nordhalbkugel sieht man den Polarstern genau in Richtung Norden. Zur Bestimmung der Deklination stellt man einen Kompass auf und misst den Winkel zwischen Kompassnadel und dem Nordstern.

c) Wenn die Deklination 180° beträgt, so entspricht das dem Winkel zwischen der geographischen Nordrichtung und der magnetischen Nordrichtung. Die Nordpolseite des Kompasses zeigt also in den geographischen Süden. Dies ist der Fall, wenn man sich auf dem Teil des Längengrades zwischen geographischem und magnetischem Nordpol befindet.

Aufgabe 37

a) Die Feldlinien des Erdmagnetfelds verlaufen nicht parallel zur Erdoberfläche. Der Inklinationswinkel gibt die Abweichung der Magnetfeldlinien zu einer Ebene parallel zur Erdoberfläche (Horizontalen) an. Dieser Winkel verändert sich von Nord nach Süd.

b) Man muss bei dieser Aufgabe zwischen den magnetischen Polen / dem magnetischen Äquator und den geographischen Polen / dem geographischen Äquator unterscheiden. Die Inklination beträgt an den magnetischen Polen 90° und am magnetischen Äquator 0°. Für die geographischen Pole / den geographischen Äquator variieren die Werte.

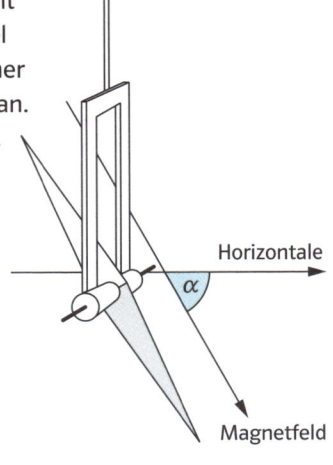

Horizontale

α

Magnetfeld

Aufgabe 38

a) Bringt man den Stabmagneten über den Nagel, so tritt magnetische Influenz auf. Das bedeutet, dass sich die Elementarmagnete im Nagel so ausrichten, dass alle Nordpole in die eine Richtung und die Südpole in die andere Richtung zeigen. Zwischen dem Nagel und dem Stabmagneten treten dadurch Anziehungskräfte auf. In einem bestimmten Abstand des Stabmagneten kann der Nagel ohne weitere Hilfsmittel stehen.

b) Nähert man der Nagelspitze einen weiteren Stabmagneten von der Seite, so werden die ausgerichteten Elementarmagnete im Innern des Nagels von diesem entweder angezogen oder abgestoßen. Dadurch verliert der Nagel seine Stabilität und fällt um.

Aufgabe 39

Ein Permanentmagnet ist, wie der Name schon sagt, dauerhaft magnetisch. Auch durch äußere Einflüsse wie Erhitzen oder auf den Boden werfen, bleibt dieses Material magnetisch. Das was umgangssprachlich als „Magnet" bezeichnet wird, ist meist ein solcher Permanentmagnet, z. B. ein Stabmagnet aus der Schule.

Im Gegensatz hierzu ist ein Elektromagnet nicht dauerhaft magnetisch. Die Spule eines Elektromagneten besteht meist aus mehreren Lagen von gewickeltem Draht. Erst wenn Strom durch die Spule fließt, wird diese magnetisch. Im Falle einer langen und schlanken Spule ähnelt deren Magnetfeld dem eines Stabmagneten. Fließt jedoch kein Strom, so ist die Spule auch nicht magnetisch. Der Magnet kann sozusagen ein- und ausgeschaltet werden.

Ein magnetisierter Gegenstand besteht meist aus Eisen oder einem anderen Metall, nicht jedoch aus z. B. Plastik, Aluminium oder Holz. Wird ein Gegenstand magnetisiert, so stellt man sich vor, dass sich die Elementarmagnete im Innern dieses Gegenstands ausrichten, vorher waren sie ungeordnet. Dadurch wird der Gegenstand ebenfalls magnetisch. Im Unterschied zum Permanentmagneten ist ein magnetisiertes Eisenstück nicht dauerhaft magnetisch. Erhitzt man es stark oder setzt es großer Erschütterung aus, so verliert sich der Effekt wieder. Das Eisenstück muss dann erneut magnetisiert werden.

Aufgabe 40

a) Ein Liveinterview wird meist über eine Satellitenverbindung übertragen. Obwohl das Signal in diesem Fall mit Lichtgeschwindigkeit $\left(300\,000\,\frac{km}{s}\right)$ übertragen wird, dauert es eine Weile, bis das Signal den Satelliten erreicht hat und wieder auf die Erde zurückgesendet wird.

b) $v = \frac{s}{t} \implies t = \frac{s}{v} = \frac{40\,000\,km}{300\,000\,\frac{km}{s}} \approx 0{,}13\,s$

Das Signal benötigt ca. 0,13 s vom Studio bis zum Satelliten, von dort wieder dieselbe Zeit, bis es den Reporter erreicht. Auch wenn dieser sofort antwortet, vergeht wieder Zeit, bis das Signal zum Satelliten und wieder zurück ins Studio übertragen wird:

$t_{ges} = 4 \cdot t \approx 0{,}53\,s$

Die Zeitverzögerung beträgt etwa 0,53 s.

Aufgabe 41

Querschnittfläche der Wasserleitung:

$A = \pi \cdot r^2 = \pi \cdot (1{,}5\,cm)^2 \approx 7{,}07\,cm^2$

Volumen des Eimers: $10\,l = 10\,dm^3 = 10\,000\,cm^3$

Benötigte „Wasserstrecke" für dieses Volumen:

$s = \frac{V}{A} = \frac{10\,000\,cm^3}{7{,}07\,cm^2} \approx 1414{,}71\,cm$

Geschwindigkeit: $v = \frac{s}{t} = \frac{1414{,}71\,cm}{8\,min} \approx 176{,}84\,\frac{cm}{min} \approx 0{,}11\,\frac{km}{h}$

Das Wasser hat eine Geschwindigkeit von etwa $0{,}11\,\frac{km}{h}$.

Aufgabe 42

a) Werden die Verkehrsregeln beachtet, so fährt das Auto mit $100\,\frac{km}{h}$. Es muss während der Überholzeit eine um 50 m längere Strecke zurücklegen als der LKW, die Zeit für den Überholvorgang ist für beide Fahrzeuge gleich lang, also:

$s_{PKW} = s_{LKW} + 50\,m \implies v_{PKW} \cdot t = v_{LKW} \cdot t + 50\,m$

$v_{PKW} \cdot t - v_{LKW} \cdot t = 50\,m$

$(v_{PKW} - v_{LKW}) \cdot t = 50\,m$

$t = \frac{50\,m}{v_{PKW} - v_{LKW}} = \frac{50\,m}{100\,\frac{km}{h} - 80\,\frac{km}{h}} = \frac{50\,m}{20\,\frac{km}{h}} \approx \frac{50\,m}{5{,}56\,\frac{m}{s}} \approx 9\,s$

Der Überholvorgang dauert etwa 9 s.

b) Strecke, die das Auto während des Überholvorgangs zurücklegt:

$v = \frac{s}{t} \implies s = v \cdot t = 100\,\frac{km}{h} \cdot 9\,s = 100 : 3{,}6\,\frac{m}{s} \cdot 9\,s = 250\,m$

Ein entgegenkommendes Fahrzeug legt innerhalb der 9 s dieselbe Strecke zurück. Somit muss eine freie Sicht von mindestens 500 m bestehen, damit keine Kollisionsgefahr besteht!

Aufgabe 43

a)

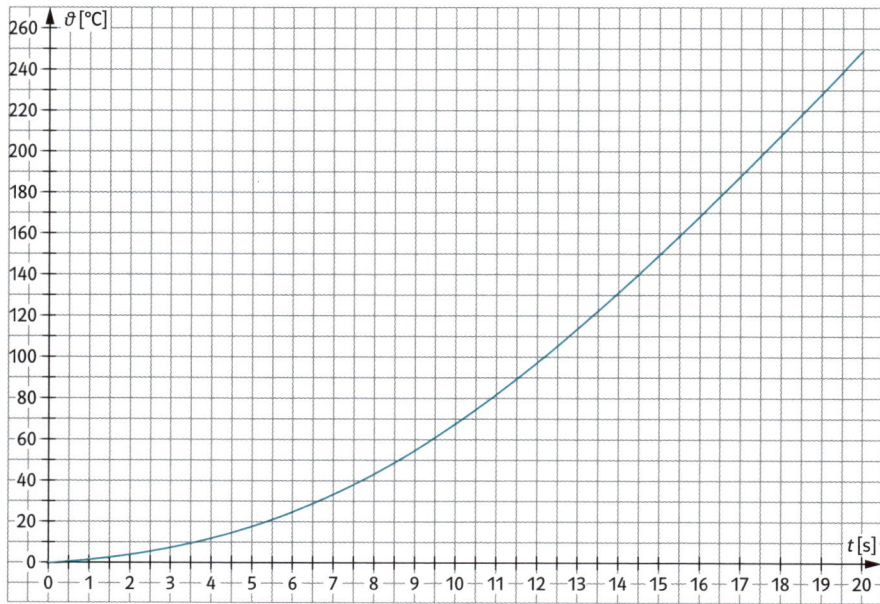

b) $v = \frac{s}{t} \quad \Rightarrow \quad s = v \cdot t = 20\,\frac{m}{s} \cdot 5\,s = 100\,m$

Das Auto legt in dieser Zeit eine Strecke von 100 m zurück.

Aufgabe 44

0 s bis 200 s:	Bewegung mit konstanter Geschwindigkeit, $v = 1\,\frac{m}{s}$
200 s bis 250 s:	Körper bewegt sich nicht, $v = 0\,\frac{m}{s}$
250 s bis 350 s:	Bewegung mit konstanter Geschwindigkeit rückwärts, $v = -2\,\frac{m}{s}$
350 s bis 600 s:	Bewegung mit konstanter Geschwindigkeit, $v = 2\,\frac{m}{s}$
600 s bis 700 s:	Körper bewegt sich nicht, $v = 0\,\frac{m}{s}$

Aufgabe 45

a) $v = \frac{s}{t} = \frac{30\,km}{15\,min} = 2\,\frac{km}{min} = 120\,\frac{km}{h}$

Das Auto hat eine Geschwindigkeit von $120\,\frac{km}{h}$.

b) $v = \frac{s}{t} \;\Rightarrow\; s = v \cdot t = 2\,\frac{km}{min} \cdot 19\,min = 38\,km$

Leonberg ist 38 km von der Raststätte entfernt.

c) $v = \frac{s}{t} \;\Rightarrow\; t = \frac{s}{v} = \frac{10\,km}{2\,\frac{km}{min}} = 5\,min$

Das Auto benötigt noch etwa 5 min.

d) Gesamte Strecke: $s_{ges} = 30\,km + 38\,km + 10\,km = 78\,km$

Gesamte Zeit: $t_{ges} = 15\,min + 19\,min + 15\,min + 5\,min = 54\,min$

Durchschnittsgeschwindigkeit: $\bar{v} = \frac{s_{ges}}{t_{ges}} = \frac{78\,km}{54\,min} \approx 1{,}44\,\frac{km}{min} \approx 86{,}67\,\frac{km}{h}$

Die Durchschnittsgeschwindigkeit beträgt $86{,}67\,\frac{km}{h}$.

e) Gesamte Strecke: $s_{ges} = 30\,km + 38\,km + 10\,km + 12\,km = 90\,km$

Durchschnittsgeschwindigkeit: $\bar{v} = 80\,\frac{km}{h}$

Gesamte Zeit: $\bar{v} = \frac{s_{ges}}{t_{ges}} \;\Rightarrow\; t_{ges} = \frac{s_{ges}}{\bar{v}} = \frac{90\,km}{80\,\frac{km}{h}} = 1{,}125\,h = 67{,}5\,min$

Zeit für die Stadtfahrt: $t_{Stadt} = t_{ges} - 54\,min = 13{,}5\,min$

$\bar{v}_{Stadt} = \frac{s_{Stadt}}{t_{Stadt}} = \frac{12\,km}{13{,}5\,min} \approx 0{,}89\,\frac{km}{min} \approx 53{,}33\,\frac{km}{h}$

Die Durchschnittsgeschwindigkeit auf dem Weg in die Stadt beträgt etwa $53{,}33\,\frac{km}{h}$. Das ist dadurch erklärbar, dass das Auto nach der Autobahnabfahrt noch eine Strecke außerhalb der Stadt fahren muss.

Aufgabe 46

In einem Kraftpfeil sind drei Informationen enthalten. Der Anfang des Pfeils gibt den Angriffspunkt der Kraft wieder. Die Richtung des Pfeils gibt an, in welche Richtung die Kraft wirkt und die Länge des Pfeils entspricht dem Betrag der Kraft.

Aufgabe 47

Mit der Aussage ist gemeint, dass Kräfte nicht direkt beobachtet werden können, sondern nur indirekt über ihre Auswirkungen. Wenn eine der möglichen Auswirkungen zu beobachten ist, dann muss eine Kraft wirken.
Diese Wirkungen können z. B. sein: Geschwindigkeitsänderung (Beschleunigen, Abbremsen), Richtungsänderung (Kurvenfahrt) und Verformung (beim Zusammenstoß zweier Autos).

7./8.
KLASSE

9./10.
KLASSE

Aufgabe 48

Die Gewichtskraft (gemessen in Newton) gibt an, mit welcher Kraft ein Körper von der Erde angezogen wird. Die Gewichtskraft ist das Produkt aus Masse und Ortsfaktor. Der Ortsfaktor ist ortsabhängig. Einen großen Unterschied gibt es z. B. zwischen dem Ortsfaktor auf der Erde und auf dem Mond. Jedoch auch auf der Erde ändert sich der Ortsfaktor, je nachdem, wo man sich befindet. Die Gewichtskraft ist somit nicht konstant, sondern ortsabhängig.

Die Masse eines Körpers (gemessen in kg) ist dagegen eine Körpereigenschaft und ändert sich nicht, egal an welchem Ort der Körper sich befindet.

Aufgabe 49

Gewichtskraft des Schranks: $\quad F = m \cdot g = 80\,\text{kg} \cdot 9{,}81\,\frac{\text{m}}{\text{s}^2} = 784{,}8\,\text{N}$

a) Die benötigte Kraft ist das Produkt aus Gewichtskraft und Gleitreibungszahl:
$F_{\text{reib}} = F \cdot 0{,}54 \approx 423{,}79\,\text{N}.$
Es ist eine Kraft von etwa 424 N notwendig.

b) Die benötigte Kraft ist das Produkt aus Gewichtskraft und Rollreibungszahl:
$F_{\text{reib}} = F \cdot 0{,}02 \approx 15{,}70\,\text{N}.$
Es ist eine Kraft von etwa 16 N notwendig.

Aufgabe 50

Ein Federkraftmesser besteht aus einer äußeren Hülle und einer innenliegenden Schraubfeder, die mit einer Skala verbunden ist. Wird nun ein Massestück an den Federkraftmesser gehängt, so wird die Feder um eine bestimmte Strecke gedehnt. Bei vorheriger Einstellung des Nullpunkts kann an der Skala nun der Betrag der Gewichtskraft abgelesen werden.

Dabei nutzt man aus, dass bei Schraubfedern das Hook'sche Gesetz gilt, welches besagt, dass bei Schraubfedern Kraft und Ausdehnung zueinander proportional sind.

Aufgabe 51

a) Jeder Kraftmesser zeigt eine Kraft von 600 N an.

b) Jeder Kraftmesser zeigt eine Kraft von 200 N an.

c) Der Kraftmesser zeigt einen Wert von $F = m \cdot g = 10\,\text{kg} \cdot 9{,}81\,\frac{\text{m}}{\text{s}^2} = 98{,}1\,\text{N}$ an.

Aufgabe 52

Damit sich der Impuls verzwölffacht gibt es viele Möglichkeiten, z. B.:

$m = 12\,\text{kg}; \ v = 45\,\frac{m}{s}$ $\qquad$ $m = 36\,\text{kg}; \ v = 15\,\frac{m}{s}$

$m = \ 1\,\text{kg}; \ v = 540\,\frac{m}{s}$ $\qquad$ $m = 18\,\text{kg}; \ v = 30\,\frac{m}{s}$

$m = \ 6\,\text{kg}; \ v = 90\,\frac{m}{s}$

Aufgabe 53

a) $p = m \cdot v = 0,42\,\text{kg} \cdot 35\,\frac{m}{s} = 14,7\,\frac{\text{kg} \cdot m}{s}$

   Beim Auftreffen hat der Ball einen Impuls von $14,7\,\frac{\text{kg} \cdot m}{s}$.

b) $p = m \cdot v \ \Rightarrow \ v = \frac{p}{m} = \frac{20\,\frac{\text{kg} \cdot m}{s}}{0,42\,\text{kg}} \approx 47,62\,\frac{m}{s}$

   Die Geschwindigkeit müsste $47,62\,\frac{m}{s}$ betragen.

Aufgabe 54

Der Impuls des PKWs berechnet man durch: $p = m \cdot v$

Der Impuls des beladenen Sattelschleppers berechnet sich ebenfalls mit dieser Formel. Wenn man berücksichtigt, dass der beladene Sattelschlepper insgesamt eine Masse von 18 PKW hat und mit halb so großer Geschwindigkeit fährt, ergibt sich daraus, dass sein Impuls 9-mal so groß ist, wie der des PKWs.

Aufgabe 55

Abschätzung der Geschwindigkeit und der Masse:

Tennis: $\qquad m \approx 58\,\text{g}; \ v \approx 240\,\frac{km}{h}$ $\qquad$ Fußball: $\qquad m \approx 420\,\text{g}; \ v \approx 140\,\frac{km}{h}$

Tischtennis: $\qquad m \approx 2,5\,\text{g}; \ v \approx 170\,\frac{km}{h}$ $\qquad$ Auto: $\qquad m \approx 1,2\,\text{t}; \ v \approx 7\,\frac{km}{h}$

Formel 1-Wagen: $m \approx 640\,\text{kg}; \ v \approx 350\,\frac{km}{h}$ $\qquad$ Projektil: $\qquad m \approx 0,5\,\text{g}; \ v \approx 100\,\frac{km}{h}$

Fahrradfahrer: $\qquad m \approx 80\,\text{kg}; \ v \approx 10\,\frac{km}{h}$

Nachdem die Abschätzung erfolgt ist, müssen die Massen in Kilogramm und die Geschwindigkeiten in $\frac{m}{s}$ umgerechnet werden, um den Impuls mit $p = m \cdot v$ berechnen zu können:

Tennisball: $\qquad p \approx 3,87\,\frac{\text{kg} \cdot m}{s}$ $\qquad$ Fußball: $\qquad p \approx 16,33\,\frac{\text{kg} \cdot m}{s}$

Tischtennis: $\qquad p \approx 0,12\,\frac{\text{kg} \cdot m}{s}$ $\qquad$ Auto: $\qquad p \approx 2333,33\,\frac{\text{kg} \cdot m}{s}$

Formel 1-Wagen: $p \approx 62\,222,22\,\frac{\text{kg} \cdot m}{s}$ $\qquad$ Projektil: $\qquad p \approx 0,01\,\frac{\text{kg} \cdot m}{s}$

Fahrradfahrer: $\qquad p \approx 222,22\,\frac{\text{kg} \cdot m}{s}$

Somit ergibt sich als Reihenfolge: Druckluftprojektil, Tischtennisball, Tennisball, Fußball, Fahrradfahrer, Auto in Spielstraße, Formel-1-Wagen

Aufgabe 56

Bei einem Unfall werden die Insassen aufgrund der Trägheit der Masse plötzlich nach vorne geschleudert, sodass sie z. B. auf das Lenkrad schlagen. Dadurch werden sie in sehr kurzer Zeit abgebremst. Durch die Verringerung der Geschwindigkeit ändert sich der Impuls der Insassen. Ohne Airbag steht nur eine sehr geringe Zeit zur Verfügung, mit Airbag wird die Zeit, in der der Insasse abgebremst wird, verlängert.

Da die Kraft, die auf die im Auto befindlichen Personen wirkt, der Quotient aus Impulsänderung und zugehöriger Zeit ist, ist die wirkende Kraft im bei einem Unfall mit Airbag deutlich geringer als die Kraft ohne Airbag. Deshalb ist auch die Verletzungsgefahr mit Airbag geringer.

Aufgabe 57

Wenn die Füße den Boden berühren, so hat man eine gewisse Geschwindigkeit. Diese Geschwindigkeit wird nun auf Null reduziert, so dass man auf dem Boden steht. Geht man bei der Geschwindigkeitsänderung in die Knie, so dauert es länger, bis die Geschwindigkeit Null ist.

Die Geschwindigkeitsänderung hat automatisch eine Impulsänderung zur Folge. Die Zeit für die Impulsänderung wird vergrößert und da die Kraft der Impulsänderung pro zugehöriger Zeit entspricht, wird die wirkende Kraft verringert. Dadurch wird auch das Verletzungsrisiko reduziert.

Aufgabe 58

Da beide Flummis aus demselben Material bestehen, hat der große Flummi eine größere Masse als der kleine Flummi. Beide Flummis haben, wenn sie auf dem Boden auftreffen, dieselbe Geschwindigkeit. Somit hat der große Flummi einen viel größeren Impuls, als der kleine Flummi.

Beim Hochspringen trifft der große Flummi auf den kleinen Flummi. Dadurch wird der Impuls vom großen auf den kleinen Flummi übertragen. Aufgrund der geringen Masse des kleinen Flummis macht sich diese Impulsübertragung durch eine deutlich erhöhte Geschwindigkeit bemerkbar, was zu einer größeren Endhöhe führt.

Aufgabe 59

a) Der linke Wagen hat vor dem Stoß einen Impuls von

$$p = m \cdot v = 0{,}5 \, kg \cdot 2 \, \tfrac{m}{s} = 1 \, \tfrac{kg \cdot m}{s}.$$

Da beide Wagen dieselbe Masse haben, wird der Impuls vollständig auf den rechten Wagen übertragen. Dieser hat nun einen Impuls von $1 \, \tfrac{kg \cdot m}{s}$ und damit eine Geschwindigkeit von $2 \, \tfrac{m}{s}$, während der linke Wagen steht.

b) Da die Masse des linken Wagens 3-mal so groß ist, die Geschwindigkeit sich jedoch nicht ändert, ist auch dessen Impuls dreimal so groß, also $3 \, \tfrac{kg \cdot m}{s}$.

Der Impuls der beiden miteinander verbundenen Wagen beträgt ebenfalls $3 \, \tfrac{kg \cdot m}{s}$. Die Masse der beiden Wagen und der Platten beträgt zusammen 2 kg. Mit dem Impuls lässt sich daraus die Geschwindigkeit berechnen:

$$p = m \cdot v \quad \Rightarrow \quad v = \frac{p}{m} = \frac{3 \, \tfrac{kg \cdot m}{s}}{2 \, kg} = 1{,}5 \, \tfrac{m}{s}$$

Die Wagen bewegen sich mit einer Geschwindigkeit von $1{,}5 \, \tfrac{m}{s}$.

Aufgabe 60

Dreht man einen Wasserhahn voll auf, herrscht sowohl in der Leitung als auch im Schlauch ein konstanter und größtmöglicher Druck.

Druck ist definiert als Quotient aus Kraft und Fläche: $\quad p = \frac{F}{A} \quad \Rightarrow \quad F = p \cdot A$

Je größer die Fläche ist, die man mit der Hand oder dem Finger abdecken muss, desto mehr Kraft muss man dafür aufbringen. Das kleine Loch im Schlauch lässt sich daher mühelos mit einem Finger zuhalten, während die Öffnung am Wasserhahn um ein Vielfaches größer ist. Die notwendige Kraft lässt sich mit bloßen Händen nicht aufbringen.

Aufgabe 61

Der Luftballon im Inneren des Wasserkolbens wird kleiner.

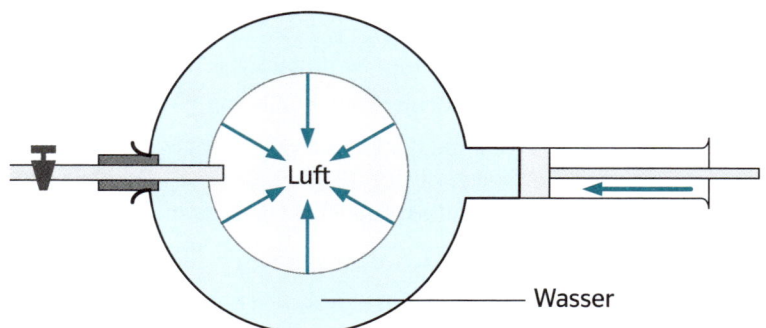

Das Drücken des Stempels hat zur Folge, dass die auf die Wasseroberfläche ausgeübte Kraft von Wasserteilchen zu Wasserteilchen weitergegeben wird und somit der Druck im Inneren des Glaszylinders steigt.

Der Luftballon wurde zunächst bei normalem Wasserdruck aufgeblasen, d. h. er behält seine Form solange bei, wie der Druck in der Umgebung und damit die Kraft auf seine Oberfläche konstant bleiben.

Erhöht sich der Umgebungsdruck, wird die im Luftballon befindliche Luft auf ein kleineres Volumen zusammengepresst, was am Schrumpfen des Ballons deutlich zu erkennen ist.

Aufgabe 62

Der Druck ist definiert als Quotient aus Kraft und Fläche: $p = \frac{F}{A}$

Die Kraft F ist dabei die Gewichtskraft der Frau ($F = m \cdot g$).

$$p = \frac{F}{A} = \frac{m \cdot g}{A} = \frac{55 \, kg \cdot 9{,}81 \frac{N}{kg}}{0{,}5 \cdot 10^{-4} \, m^2} = 10\,791\,000 \, \frac{N}{m^2} = 10\,791 \, kPa$$

Der Druck auf den Parkettboden beträgt 10 791 kPa.

Aufgabe 63

a) Aus dem Diagramm lassen sich folgende Werte für den Luftdruck ablesen:

Höhe	2 km	6 km	10 km
Druck	82 kPa	50 kPa	31 kPa

Der Druckunterschied beim Steigen von 2 km auf 6 km beträgt

$\Delta p_1 = p_{6\,km} - p_{2\,km} = 50 \, kPa - 82 \, kPa = -32 \, kPa$.

Für den weiteren Anstieg von 6 km auf 10 km ergibt sich ein Druckunterschied von $\Delta p_2 = -19 \, kPa$.

b) Da die Druckunterschiede mit steigender Höhe immer geringer werden und der Schweredruck der Luft proportional zur Masse der Luft ist, muss auch die Masse der Luft mit steigender Höhe abnehmen. Dies wiederum bedeutet, dass sich die Dichte der Luft mit steigender Höhe ebenfalls reduziert ($m = \varrho \cdot V$).

Aufgabe 64

Der Schweredruck im Wasser berechnet sich aus der Gewichtskraft F_G der auf einer Fläche A lastenden Wassersäule und der Größe der Fläche.

Es gilt: $p = \dfrac{F_G}{A}$.

Die Gewichtskraft ergibt sich aus der Masse der Wassersäule.

Es gilt: $F_G = m \cdot g$.

Die Masse lässt sich über das Volumen und die Dichte berechnen ($m = \varrho_{Wasser} \cdot V$).

$$p = \frac{F_G}{A} = \frac{m \cdot g}{A} = \frac{\varrho_{Wasser} \cdot V \cdot g}{A} = \frac{\varrho_{Wasser} \cdot A \cdot h \cdot g}{A} = \varrho_{Wasser} \cdot h \cdot g$$

Der Druck ist im Wasser der Tiefe h also überall gleich groß (unabhängig von der Fläche A).

$$p = \varrho_{Wasser} \cdot h \cdot g = 1000 \, \frac{kg}{m^2} \cdot 120 \, m \cdot 9{,}81 \, \frac{N}{kg} = 1\,177\,200 \, \frac{N}{m^2} = 11\,772 \, hPa$$

Dies entspricht etwa dem 12-fachen Normaldruck (≈ 12 bar).

Aufgabe 65

a) Je mehr Luft aus dem Kanister gepumpt wird, desto stärker zieht er sich zusammen / knickt er zusammen.

Ist der Kanister mit Luft gefüllt und herrscht im Inneren der gleiche Druck wie in der Umgebung des Kanisters, gleichen sich die von innen nach außen bzw. von außen nach innen wirkenden Kräfte aus.

Pumpt man nun Luft aus dem Inneren des Kanisters, reduziert sich der Luftdruck im Kanister (im Vakuum würde der Druck gleich Null sein). Die Kraft von außen nach innen ist jetzt größer als die Kraft von innen nach außen, weshalb der Kanister von der Außenluft zusammengepresst wird. Die dabei auftretenden Kräfte sind so groß, dass er sich verformt.

b) Für den Luftdruck gilt: $p = \dfrac{F}{A} \ \Rightarrow \ F = p \cdot A$

1 bar = 1000 hPa = 100 000 Pa

$F = p \cdot A = 100\,000 \, Pa \cdot 0{,}0001 \, m^2 = 10 \, N$

Die Kraft auf jeden Quadratzentimeter des Kanisters beträgt 10 N.

Aufgabe 66

Drückt man mit dem Stempel im linken Zylinder auf die Oberfläche der hydraulischen Flüssigkeit (meist ein Öl), erhöht sich der Druck in der Flüssigkeit. Durch eine dünne Röhre ist der Kolben mit einem Presskolben mit deutlich größerem Durchmesser verbunden.

Da sich der Druck in einer Flüssigkeit überall hin ausbreitet und an allen Stellen gleich groß ist, herrscht auch im Presszylinder der im linken Zylinder erzeugte Druck, der bei einer größeren Fläche dann aber zwangsläufig zu einer größeren Kraft führt.

Eine hydraulische Presse verstärkt somit die aufgewendete Kraft.

$$p = \frac{F_1}{A_1} = \frac{F_2}{A_2} \quad \Rightarrow \quad F_2 = F_1 \cdot \frac{A_2}{A_1} = 75\,\text{N} \cdot \frac{25\,\text{cm}^2}{1{,}25\,\text{cm}^2} = 1500\,\text{N}$$

Der Presskopf kann eine maximale Kraft von 1500 N ausüben.

Aufgabe 67

a) Flüssigkeiten strömen stets von Orten höheren Drucks zu Orten niedrigeren Drucks, in diesem Falle also von links nach rechts.

b) Die Strömung kommt zum Erliegen, wenn ihr Antrieb, der Druckunterschied zwischen den beiden Gefäßen, erloschen ist. Dies ist genau dann der Fall, wenn in beiden Gefäßen die gleiche Wassermenge enthalten ist und somit an den Gefäßöffnungen in Bodennähe der gleiche Schweredruck herrscht.

c) Je größer der Druckunterschied ist, desto größer ist auch die Strömungsgeschwindigkeit. Im vorliegenden Fall wird also pro Zeitintervall zunächst mehr Wasser von links nach rechts fließen. Je näher sich die Pegelstände in den beiden Gefäßen einander angleichen, desto geringer wird die Strömungsgeschwindigkeit.

Vorstellbar wäre auch eine Anordnung, bei der über jedem Gefäß ein anderer Luftdruck herrscht. Auch dieser hätte aus den bereits genannten Gründen einen Einfluss auf die Strömungsgeschwindigkeit.

Aufgabe 68

Matthias erscheint das Wasser im Schwimmbecken zunächst deutlich wärmer als Tom, für den es sich eher sehr kühl anfühlt.

Der Grund liegt im subjektiven Wärmeempfinden des Menschen. Die „gefühlte Temperatur" wird maßgeblich davon beeinflusst, wie der Körper auf die „Messung" vorbereitet wurde. Matthias hat kalt geduscht, d. h. seinen Körper Wasser ausgesetzt, das eine tiefere Temperatur als das Wasser im Becken hatte. Sein Körper hat sich an die Kälte „gewöhnt" und empfindet das Wasser im Becken daher als eher warm. Bei Tom ist es genau umgekehrt.

Aufgabe 69

Zur Messung einer objektiven Temperatur benötigt man ein geeichtes Messgerät. Dabei nutzt man die Wärmeausdehnung von Flüssigkeiten aus. Die im Thermometergefäß befindliche Flüssigkeit dehnt sich beim Erwärmen aus und steigt im dünnen Glasrohr nach oben. Die Höhe des Flüssigkeitsspiegels ist somit ein Maß für die Temperatur.

Um Messungen vergleichbar zu machen, benötigt man darüber hinaus eine Skala. Als einen Bezugspunkt wählt man die Ausdehnung der Flüssigkeit bei 0 °C (Eiswasser). Der andere Bezugspunkt ist die Ausdehnung bei 100 °C (siedendes Wasser bei Normaldruck). Zwischen diesen beiden Punkten kann man dann eine lineare Skala anfertigen und sie sogar über die beiden Bezugspunkte hinaus verlängern.

Mit dem Thermometer lassen sich Temperaturen in einem Bereich messen, in dem die Thermometerflüssigkeit nicht fest oder gasförmig wird.

Aufgabe 70

Das in die Tankwagen verladene Heizöl oder Benzin lagert zumeist in unterirdischen Tanks. Dort herrschen sehr niedrige Temperaturen.

Füllt man den Tankwagen komplett, bleibt der Flüssigkeit kein Platz mehr, sich auszudehnen. Bei Flüssigkeiten beträgt die Ausdehnung aber über 1 % pro Kelvin Temperaturerhöhung. An warmen Tagen kommt es somit zu einer beträchtlichen Volumenzunahme der Ladung.

Um also ganz sicher zu gehen, dass der Tank nicht ausläuft oder der Druck der Flüssigkeit steigt, lässt man einfach rund ein Zehntel des Volumens frei.

Aufgabe 71

Für die Ausdehnung von Festkörpern gibt es viele Beispiele. Hier eine kleine Auswahl:

- Überlandleitungen hängen im Sommer deutlich weiter durch als im Winter.
- In der Bauindustrie lässt man bei Übergängen von einzelnen Bauteilen häufig Dehnungsfugen.
- Autobahnbrücken haben zwischen Brücke und „Festland" auf dem Fahrbahnbelag ebenfalls eine Dehnungsfuge.
- Beim Bau verwendet man Stahlbeton, da beide Materialien (Stahl und Beton) eine identische Wärmeausdehnung haben und so Rissbildungen vermieden werden können.
- In der chemischen Industrie werden lange Rohrleitungen, durch die heiße Flüssigkeiten und Dämpfe geleitet werden, immer wieder von Schleifen unterbrochen.

Aufgabe 72

Der Föhn erwärmt die Luft im Glasbehälter. Diese dehnt sich aus und drückt den Kolben im Zylinder nach oben. Wird der Kolben soweit aus dem Zylinder gedrückt, dass er den Schalter erreicht, wird die Stromversorgung unterbrochen und der Föhn ausgeschaltet.

Die Luft im Behälter kühlt sich ab. Sie verringert dabei ihr Volumen, wodurch der Kolben wieder nach unten gezogen wird und den Kontakt zum Schalter verliert. Im Stromkreis kann wieder ein Strom fließen und der Föhn heizt erneut.

Genau auf diese Weise funktioniert ein Thermostat. Bei einem Heizkörper muss allerdings der Wasserzufluss unterbrochen werden. Der Kolben des Thermostats schließt bei geeigneter Ausdehnung ein Ventil, sodass kein Wasser mehr in den Heizkörper strömen kann. Sinkt die Temperatur, rutscht der Kolben wieder ein Stück zurück und öffnet somit das Ventil.

Aufgabe 73

Der Wärmeausdehnungskoeffizient der beiden Metallschichten des Bimetall-streifens ist unterschiedlich. Dies bewirkt, dass sich die beiden Metalle bei der gleichen Erwärmung unterschiedlich stark ausdehnen. Zink dehnt sich dabei stärker aus als Eisen, wodurch sich der Bimetallstreifen nach oben verbiegt (der Stoff, der eine größere Ausdehnung hat liegt in der „Kurve" außen, der mit der geringeren Ausdehnung in der „Innenkurve").

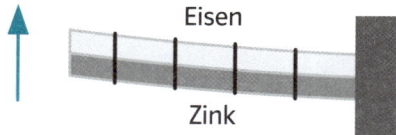

Durch das Verbiegen des Bimetallstreifens wird der Stromkreis unterbrochen. Fließt kein Strom mehr durch die Heizwendel, kühlt diese ab. Dadurch geht auch die Krümmung des Streifens zurück, bis sich der Stromkreis schließlich wieder schließt.
Bei der Schaltung handelt es sich um eine Art Thermostat einer elektrischen Heizung.

Die abgebildete Kombination aus Aluminium und Eisen würde sich beim Erwärmen ebenfalls Krümmen. Hier hat Aluminium eine stärkere Ausdehnung als Eisen. In der abgebildeten Version biegt sich der Streifen daher nach unten.

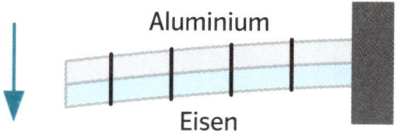

Um ihn für die Thermostatschaltung zu verwenden, müsste er also umgedreht eingebaut werden (oben Eisen und Aluminium).

Aufgabe 74

Das Ergebnis zeigt, dass sich Wachs beim Übergang vom flüssigen in den festen Aggregatzustand zusammenzieht. Dies entspricht den Gesetzmäßigkeiten der Wärmelehre, wonach sich Körper beim Erwärmen ausdehnen und beim Abkühlen wieder zusammenziehen.

Das Wasser jedoch verhält sich anders. Das Volumen des Eises ist größer als das Volumen des Wassers. Wasser hat sich beim Abkühlen ausgedehnt. Die Tatsache, dass Wasser seine größte Dichte (und damit sein kleinstes Volumen) bei 4 °C besitzt und sich beim weiteren Abkühlen wieder ausdehnt, bezeichnet man als Anomalie des Wassers. Kein anderer Stoff weist dieses Verhalten auf.

Aufgabe 75

Festkörper zeichnen sich durch eine regelmäßige Struktur und Anordnung der Teilchen aus. Zwischen den einzelnen Teilchen herrscht eine starke Bindung. Bewegungsmöglichkeiten bestehen nur in Form von Schwingungen um die jeweilige Position im Gitterverbund.

Flüssigkeiten sind gekennzeichnet durch Teilchenverbünde. Eine Regelmäßigkeit in der Anordnung besteht nicht mehr, wenngleich einzelne Teilchen weiterhin aneinander gebunden sind. Den Teilchenverbünden ist es möglich, sich zu bewegen. Innerhalb einer Gruppe können die einzelnen Teilchen ebenfalls wieder um ihren jeweiligen Ort schwingen.

Bei Gasen ist jegliche Form von Bindung aufgehoben. Einzelne Teilchen nehmen den kompletten zur Verfügung stehenden Raum ein. Die Bewegungsfreiheit der Teilchen ist maximal.

Aufgabe 76

Die Temperatur ist ein Maß für die Summe der Bewegungsenergien der einzelnen Teilchen. Hat sich der Bohrer also beim Bohrvorgang erwärmt, haben die Bohrerteilchen eine höhere Bewegungsenergie erhalten.

Dieser Energiezuwachs ist der Reibung des Bohrers am Werkstück geschuldet. Die Reibung entwertet mechanische Energie (Rotationsenergie des angetriebenen Bohrers). Da nach dem Energieerhaltungssatz keine Energie aus dem System verloren geht, liegt diese „Reibungsenergie" jetzt in Form von innerer Energie (d. h. Bewegungsenergie der Bohrerteilchen) vor.

Aufgabe 77

Wenn sich die Kugeln C und D gegenseitig abstoßen, müssen sie die gleiche Ladung tragen. Da D negativ geladen ist, ist auch C negativ geladen. C zieht A an, d. h. C und A tragen unterschiedliche Ladungen, also ist A positiv geladen. A und B wiederum stoßen sich gegenseitig ab, woraus folgt, dass auch die Kugel B positiv geladen ist.

A (positiv); B (positiv); C (negativ); D (negativ)

Aufgabe 78

Bringt man eine negative Ladung in die Nähe des Elektroskops, werden die negativen Ladungen nach unten in die Zeiger verschoben (Influenz). Durch das Berühren können die negativen Ladungen abfließen (Bild 3), was zu einem Protonenüberschuss auf dem Elektroskop führt. Entfernt man den negativ geladenen Stab (Bild 4 und 5), wird die positive Ladung des Elektroskops auch an den Zeigern sichtbar.
Das Elektroskop ist also positiv geladen.

Aufgabe 79

Die Ladung $Q = -0,75\,\text{nC}$ ist ein Vielfaches der Elementarladung e_0.

$$Q = N \cdot e_0 \quad \Rightarrow \quad N = \frac{Q}{e_0} = \frac{-0,75 \cdot 10^{-9}\,\text{C}}{-1,602 \cdot 10^{-19}\,\text{C}} \frac{V}{A} \approx 4,7 \cdot 10^9$$

Es gehen etwa 4 Milliarden 700 Millionen Elektronen auf den Stab über.

Aufgabe 80

a) Die elektrische Stromstärke I ist definiert als Quotient aus Ladung Q und Zeit t.
Es gilt: $I = \frac{Q}{t}$

b) Für eine Messung der Stromstärke nach der Definition aus a) müsste man über eine Zeitspanne Δt die Ladungen ΔQ zählen. Dies ist jedoch nicht möglich. Man misst die Stromstärke daher anhand der Wirkungen des elektrischen Stroms (magnetische Stromwirkung, chemische Stromwirkung oder Wärmewirkung).

Aufgabe 81

a) Ein aufgeladenes Elektroskop erkennt man am Zeigerausschlag. Ist das Elektroskop positiv geladen und schaltet man die Glühwendel ein, geht der Ausschlag des Elektroskops auf Null zurück. Es wird entladen.
Lädt man es dagegen negativ, bleibt trotz heißer Glühwendel der Ausschlag des Elektroskops erhalten.

b) In elektrischen Leitern sind die negativen Ladungsträger für den Stromfluss verantwortlich (man spricht von Leitungselektronen).
Nur die leicht beweglichen Elektronen können den Glühdraht verlassen.
Ein positiv geladenes Elektroskop kann auf diese Weise neutralisiert werden.
Positive Ladungen sind beim Heizen nicht ausgetreten, was daran zu erkennen ist, dass das negativ geladene Elektroskop seinen Ausschlag beibehält.

Aufgabe 82

a) 9 mV   b) 5 A   c) 0,062 A   d) 16 mV   e) 18 μA   f) 1,9 kV

Aufgabe 83

a) Ein stromdurchflossener Leiter muss von einem magnetischen Feld umgeben sein.

b) Je stärker der Stromfluss im Leiter ist, desto stärker ist auch das magnetische Feld.
Die magnetischen Feldlinien laufen in konzentrischen Kreisen in einer Ebene senkrecht zum Leiter um diesen.

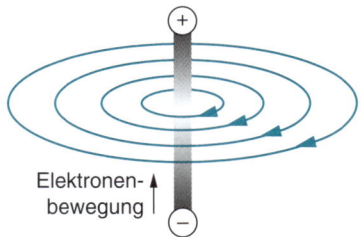

Die Richtung der magnetischen Feldlinien erhält man aus der „Linke-Hand-Regel": Zeigt der Daumen der linken Hand in die Bewegungsrichtung der Elektronen, so zeigen die gekrümmten Finger die Richtung der Feldlinien an.

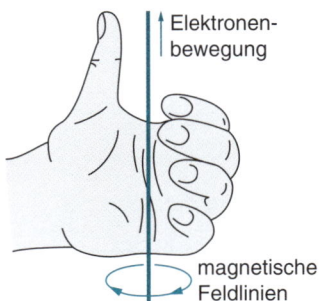

Aufgabe 84

Beobachtung: Beim Schließen des Schalters leuchtet das Lämpchen und die beiden Eisennägel werden nach rechts bzw. links auseinandergedrückt.

Erklärung:
Schließt man den Schalter, fließt ein Strom durch die Spule (was durch das Leuchten des Lämpchens eindeutig angezeigt wird), wodurch im Inneren der Spule wiederum ein magnetisches Feld entsteht. Die magnetischen Feldlinien verlaufen im Inneren parallel zueinander. Am einen Ende der Spule bildet sich ein magnetischer Nordpol aus, am anderen ein magnetischer Südpol. Die beiden Eisennägel werden dadurch entsprechend magnetisiert und sind jetzt selbst magnetisch. Da sie jeweils mit identischen Polen aneinander liegen, stoßen sie sich gegenseitig ab.

Aufgabe 85

a) Wasserkreislauf und elektrischer Stromkreis haben viele Gemeinsamkeiten. In beiden Fällen handelt es sich um einen geschlossenen Kreislauf, in dem weder Wasser noch Ladung verloren gehen. Die Stärke des Flusses kann man mit der Anzahl der Teilchen (Tropfen bzw. Elektronen) pro Zeit bestimmen. Beide Kreisläufe benötigen einen Antrieb (Pumpe / Batterie), um Energie zum Verbraucher (Wasserrad, Lämpchen) zu transportieren. Beide Kreise lassen sich unterbrechen (Schalter / Ventil).
Natürlich kann das Modell die Wirklichkeit nicht vollständig beschreiben. Wasserkreisläufe müssen beispielsweise erst gefüllt werden, im elektrischen Leiter sind die Ladungen bereits vorhanden. Öffnet man einen Wasserkreislauf, läuft dieser aus, was beim Stromkreis wiederum nicht passiert.

b)

Wasserstromkreis	elektrischer Stromkreis
Wassertropfen	Elektron
I = Tropfen / Zeit	I = Ladung / Zeit
Druck	elektrisches Potential
Druckdifferenz	elektrische Spannung
Bewegungsenergie (pro Tropfen)	elektrische Energie (pro Ladung)
Druckabfall (am Wasserrad)	Spannungsabfall (am Lämpchen)
verengter Querschnitt	elektrischer Widerstand

Aufgabe 86

Der Punkt C dieser Skizze ist geerdet. Hier herrscht das Potential $\varphi = 0\,V$. Spannungen werden stets zwischen zwei Punkten gemessen und sind definiert als Differenz zwischen den Potentialen der beiden Punkte.

$$U = \varphi_2 - \varphi_1$$

Da jede Blockbatterie eine Spannung von 9 V liefert, besteht zwischen den beiden Polen der Batterien eine Potentialdifferenz von ebenfalls 9 V. Da einer der beiden Pole jeweils mit dem Punkt C verbunden ist und dort das Potential $\varphi = 0\,V$ ist, liegt der Pluspol der rechten Batterie (B) auf dem Potential $\varphi = 9\,V$, der Minuspol der linken Batterie (A) entsprechend bei $\varphi = -9\,V$.

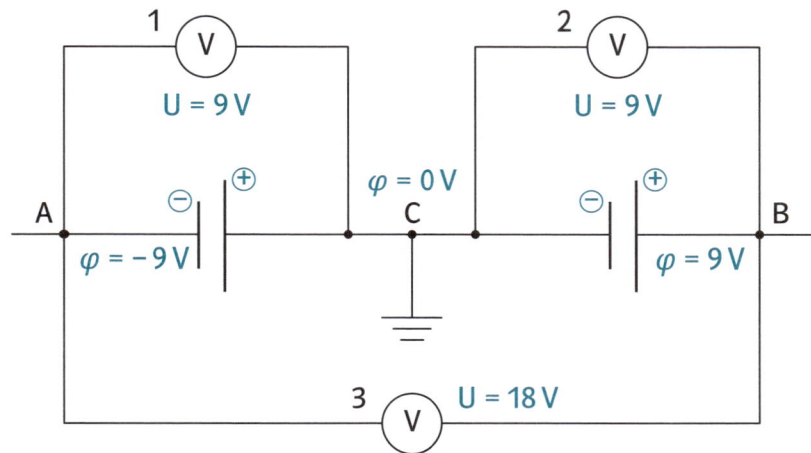

Aufgabe 87

Möglichkeit 1: Man erhöht die Energie pro Ladung. Erhält jede Ladung die doppelte Energie, ist auch die Energiestromstärke doppelt so groß.

Der Quotient aus Energie und Ladung ist die Spannung U $\left(U = \frac{W}{Q}\right)$. Man muss also die Spannung verdoppeln.

Möglichkeit 2: Man erhöht die Anzahl der Ladungen. Fließen in der gleichen Zeit doppelt so viele Ladungen, hat sich auch die Energiestromstärke verdoppelt.

Der Quotient aus Ladung und Zeit ist die Stromstärke I $\left(I = \frac{Q}{t}\right)$. Man muss also die Stromstärke verdoppeln.

Aufgabe 88

a)

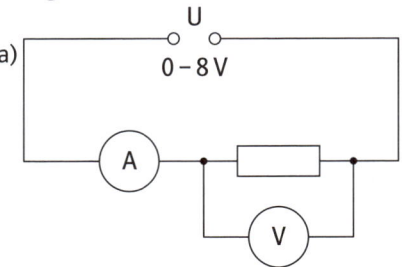

b)

U[I]-Diagramm

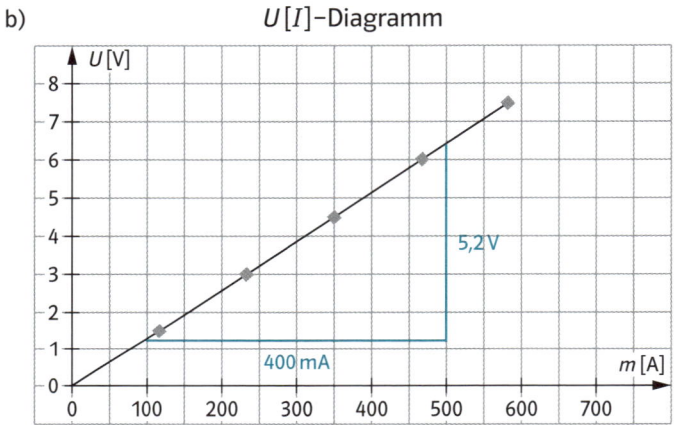

c) Der Graph zeigt, dass die Spannung U proportional zur Stromstärke I ist. Damit ist das Ohmsche Gesetz erfüllt und es gilt: $U = R \cdot I$. Der ohmsche Widerstand R lässt sich somit als Steigung aus dem Diagramm von Aufgabenteil b) ermitteln.

$$R = \frac{\Delta U}{\Delta I} = \frac{5{,}2\,\text{V}}{0{,}4\,\text{A}} = 13\,\Omega$$

Der Widerstand beträgt $13\,\Omega$.

Aufgabe 89

Durch die Kabeltrommel ist ein zusätzlicher Widerstand in den Stromkreis eingebaut worden. Bei einer Kabellänge von $2 \cdot 50\,\text{m}$ ist dieser nicht mehr zu vernachlässigen.

Es gilt: $R = \varrho \cdot \frac{l}{A}$, wobei ϱ der spezifische Widerstand des Kupfer(kabels) ist, l die Länge des Kabels und A die Querschnittfläche.

$$R = 0{,}017 \frac{\Omega \cdot \text{mm}^2}{\text{m}} \cdot \frac{2 \cdot 50\,\text{m}}{1\,\text{mm}^2} = 1{,}7\,\Omega$$

Der Widerstand des Verbrauchers beträgt: $R = \frac{U}{I} = \frac{6\,\text{V}}{5\,\text{A}} = 1{,}2\,\Omega$.

Durch die Kabeltrommel hat sich der Gesamtwiderstand also mehr als verdoppelt.

Aufgabe 90

Für Reihen- und Parallelschaltungen gelten folgende Gesetzmäßigkeiten für den Ersatzwiderstand:

Reihenschaltung: $R_{\text{Ersatz}} = R_1 + R_2 + R_3 + \dots$

Parallelschaltung: $\dfrac{1}{R_{\text{Ersatz}}} = \dfrac{1}{R_1} + \dfrac{1}{R_2} + \dfrac{1}{R_3} + \dots$

(I)

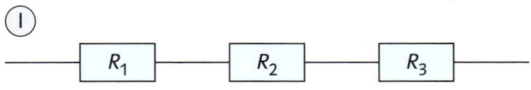

$R_{\text{Ersatz}} = R_1 + R_2 + R_3 = 12\,\Omega + 12\,\Omega + 12\,\Omega = 36\,\Omega$

(II)

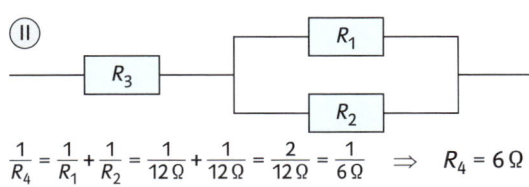

$\dfrac{1}{R_4} = \dfrac{1}{R_1} + \dfrac{1}{R_2} = \dfrac{1}{12\,\Omega} + \dfrac{1}{12\,\Omega} = \dfrac{2}{12\,\Omega} = \dfrac{1}{6\,\Omega} \quad \Rightarrow \quad R_4 = 6\,\Omega$

$R_{\text{Ersatz}} = R_3 + R_4 = 6\,\Omega + 12\,\Omega = 18\,\Omega$

(III)

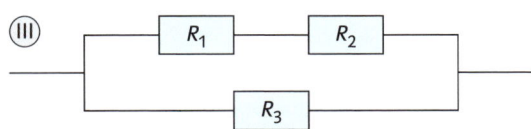

$R_4 = R_1 + R_2 = 12\,\Omega + 12\,\Omega = 24\,\Omega$

$\dfrac{1}{R_{\text{Ersatz}}} = \dfrac{1}{R_3} + \dfrac{1}{R_4} = \dfrac{1}{12\,\Omega} + \dfrac{1}{24\,\Omega} = \dfrac{2}{24\,\Omega} + \dfrac{1}{24\,\Omega} = \dfrac{3}{24\,\Omega} = \dfrac{1}{8\,\Omega} \quad \Rightarrow \quad R_{\text{Ersatz}} = 8\,\Omega$

(IV)

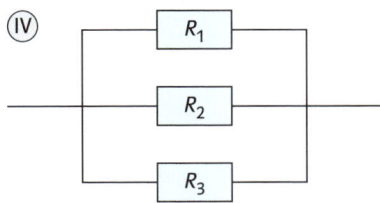

$\dfrac{1}{R_{\text{Ersatz}}} = \dfrac{1}{R_1} + \dfrac{1}{R_2} + \dfrac{1}{R_3} = \dfrac{1}{12\,\Omega} + \dfrac{1}{12\,\Omega} + \dfrac{1}{12\,\Omega} = \dfrac{3}{12\,\Omega} = \dfrac{1}{4\,\Omega} \quad \Rightarrow \quad R_{\text{Ersatz}} = 4\,\Omega$

Aufgabe 91

Der Widerstand beträgt: $R = \frac{U}{I} = \frac{230\,V}{4\,A} = 57,5\,\Omega$.

Bei einer Mehrfachsteckdose handelt es sich um eine Parallelschaltung der eingesteckten Geräte. Betreibt man drei dieser Bügeleisen, muss man zunächst einen Ersatzwiderstand dieser drei Geräte an der Mehrfachsteckdose berechnen.

$$\frac{1}{R_{Ersatz}} = \frac{1}{R_1} + \frac{1}{R_2} + \frac{1}{R_3} = \frac{1}{57,5\,\Omega} + \frac{1}{57,5\,\Omega} + \frac{1}{57,5\,\Omega} = \frac{3}{57,5\,\Omega} \quad \Rightarrow \quad R_{Ersatz} = \frac{57,5}{3}\,\Omega \approx 19,2\,\Omega$$

Damit fließt im Stromkreis dann ein Strom der Stärke $I = \frac{U}{R} = \frac{230\,V}{19,2\,\Omega} \approx 12\,A$.

Man kann die drei Bügeleisen also gleichzeitig betreiben.

Aufgabe 92

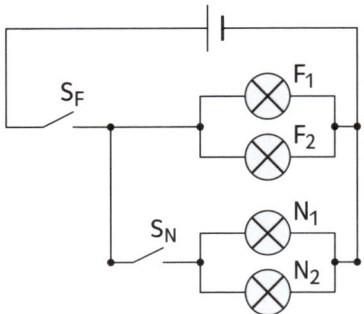

Nur wenn der Schalter S_F (Fahrlicht) geschlossen ist, kann überhaupt Strom über den Schalter S_N (Nebelscheinwerfer) fließen, allerdings auch nur dann, wenn dieser Schalter ebenfalls geschlossen ist.
Das Fahrlicht F_1 und F_2 wird dagegen nur über den Schalter S_F geregelt und brennt immer dann, wenn dieser geschlossen ist (unabhängig von der Position von S_N).

Aufgabe 93

Das Betreiben elektrischer Geräte (Fernseher, Computer, Herd, Waschmaschine, …) benötigt elektrische Energie. Ein rollender Ball, ein Kind auf dem Fahrrad oder fließendes Wasser haben Bewegungsenergie. Das Anheben von Gewichten beim Fitnesstraining verleiht diesen Lage- oder Höhenenergie. Zum Kochen von Tee oder zum Heizen des Badewassers benötigen wir Wärmeenergie. Auch in zusammengepressten oder gedehnten Federn (z. B. Expander, Gummiband) steckt Energie, nämlich Spannenergie.

Aufgabe 94

Im Anlauf steckt zunächst Bewegungsenergie. Je schneller der Springer anläuft, desto höher ist diese Energie. Beim Absprung sticht er mit dem Stab in eine Mulde, wodurch sich der Stab biegt. Die Bewegungsenergie wird in Spannenergie umgewandelt. Geht die Biegung zurück, katapultiert sie den Springer nach oben, er erhält Höhenenergie. Im höchsten Punkt seines Sprungs scheint er für einen kurzen Moment zu stehen, dann wandelt sich die Höhenenergie wieder in Bewegungsenergie (der Springer fällt auf die Matte). Schließlich landet er weich in der Matte, was dadurch zu erklären ist, dass die Bewegungsenergie in Verformungsenergie (die Matte hat sich zusammengedrückt) umgewandelt wurde.

Aufgabe 95

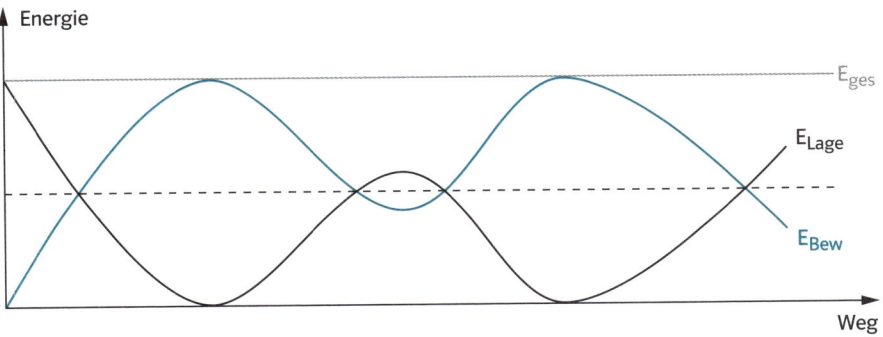

Die beiden Kurven verlaufen genau spiegelverkehrt zueinander. Dort wo die Bewegungsenergie maximal ist, ist die Lageenergie gleich null (und umgekehrt). Die Summe der beiden Energien ergibt an jedem Ort eine konstante Gesamtenergie.

Aufgabe 96

Für die mechanische Hubarbeit gilt:

(1) $W_1 = m \cdot g \cdot \Delta h = 10\,\text{kg} \cdot 9{,}81\,\frac{N}{kg} \cdot 5\,\text{m} = 490{,}5\,\text{J}$

(2) $W_2 = m \cdot g \cdot \Delta h = 10\,\text{kg} \cdot 9{,}81\,\frac{N}{kg} \cdot (7{,}5 - 2{,}5\,\text{m}) = 490{,}5\,\text{J}$

(3) $W_3 = m \cdot g \cdot \Delta h = 20\,\text{kg} \cdot 9{,}81\,\frac{N}{kg} \cdot 2{,}5\,\text{m} = 490{,}5\,\text{J}$

(4) $W_4 = m \cdot g \cdot \Delta h = 5\,\text{kg} \cdot 9{,}81\,\frac{N}{kg} \cdot 7{,}5\,\text{m} = 367{,}9\,\text{J}$

(5) $W_5 = m \cdot g \cdot \Delta h = 15\,\text{kg} \cdot 9{,}81\,\frac{N}{kg} \cdot 0\,\text{m} = 0\,\text{J}$

Bei den Vorgängen 1 bis 3 wird die identische mechanische Arbeit verrichtet. Interessant ist der Vorgang 5. Da die Masse hier nicht angehoben wird, sondern konstant auf der gleichen Höhe bleibt, wird keine physikalische Arbeit verrichtet.

Aufgabe 97

a) Die Höhenenergie entspricht der verrichteten Arbeit.

$$W = m \cdot g \cdot \Delta h = (m_1 + m_2) \cdot g \cdot \Delta h$$

$$= (70\,\text{kg} + 12\,\text{kg}) \cdot 9{,}81\,\frac{\text{N}}{\text{kg}} \cdot 1235\,\text{m}$$

$$= 993458{,}7\,\text{J} \approx 993{,}5\,\text{kJ}$$

Insgesamt wurden 993,5 kJ in Höhenenergie umgewandelt.

b) Die Leistung ist definiert als Produkt aus Arbeit und Zeit. Es gilt:

$$P = \frac{W}{t} = \frac{993{,}5 \cdot 10^3\,\text{J}}{18\,000\,\text{s}} \approx 55{,}2\,\text{W}$$

Die durchschnittliche Leistung beträgt ungefähr 55 Watt.

Aufgabe 98

Bei jeglicher Form von Energieumwandlung, wird Energie entwertet, d. h. dem System entzogen und in eine Form umgewandelt, die sich in diesem Beispiel nicht wieder in Bewegungs- oder Höhenenergie zurückführen lässt. Beim Schaukeln bewirken beispielsweise der Luftwiderstand oder die Reibung des Seils am Schaukelbalken eine solche Entwertung.

Da die Auslenkung mit zunehmender Zeit und voranschreitender Energieentwertung immer weiter abnehmen muss, kann man deutlich erkennen, ob das Schaukelvideo vorwärts oder rückwärts läuft. Beim Rückwärtslauf würde die Schaukelbewegung immer stärker werden und das Kind immer weiter noch oben schaukeln, was physikalisch nicht der Fall sein kann.

Aufgabe 99

a) Für die Leistung gilt: $P = \frac{W}{t}$, mit $W = m \cdot g \cdot \Delta h$ folgt:

$$P = \frac{m \cdot g \cdot \Delta h}{t} \quad \Rightarrow \quad m = \frac{P \cdot t}{g \cdot \Delta h}$$

Die Höhendifferenz beträgt 2036 m − 1672 m = 364 m;
die Zeit 8 h oder umgerechnet $(8 \cdot 60 \cdot 60)\,\text{s} = 28\,800\,\text{s}$.

$$m = \frac{P \cdot t}{g \cdot \Delta h} = \frac{13{,}4 \cdot 10^6\,\text{W} \cdot 28\,800\,\text{s}}{9{,}81\,\frac{\text{N}}{\text{kg}} \cdot 364\,\text{m}} \approx 108{,}1 \cdot 10^6\,\text{kg}$$

Ein Kubikmeter Wasser hat eine Masse von $1\,\text{t} = 1000\,\text{kg} = 10^3\,\text{kg}$;
d. h. insgesamt werden 108 100 m³ Wasser nach oben gepumpt.

b) Das Wasser im Mooserboden würde beim Fall in den tiefer liegenden Wasserfallboden die in ihm gespeicherte Höhenenergie in Bewegungsenergie umwandeln, die mithilfe einer Turbine und eines Generators wiederum in elektrische Energie umgewandelt werden kann. So gesehen, ist im Wasser des Mooserboden Energie gespeichert.

Aufgabe 100

Der Magnet an der Spitze ist zwar nicht so stark, dass er die Kugel direkt ohne die Rampe nach oben ziehen kann, muss aber zumindest eine so starke magnetische Kraft ausüben, dass sowohl die Hangabtriebskraft als auch die Reibungskraft auf der Rampe überwunden werden können.

Diese Kraft ist dann auch ausreichend, die Kugel, wenn sie oben angekommen ist, vollends an den Magneten zu ziehen, ohne dass sie die Möglichkeit hat, aufgrund ihrer Schwere (Gewichtskraft) nach unten zu fallen. Die Bewegung der Kugel ist damit bereits am höchsten Punkt der Rampe gestoppt und ein kontinuierlicher Kreislauf unmöglich.

Lösungen Schuljahre 9/10

Bei den rechnerischen Lösungen wird mit den nicht gerundeten Werten bis zum Endergebnis gerechnet. Bei manchen Lösungen sind gerundete Zwischenergebnisse angegeben.

Aufgabe 101

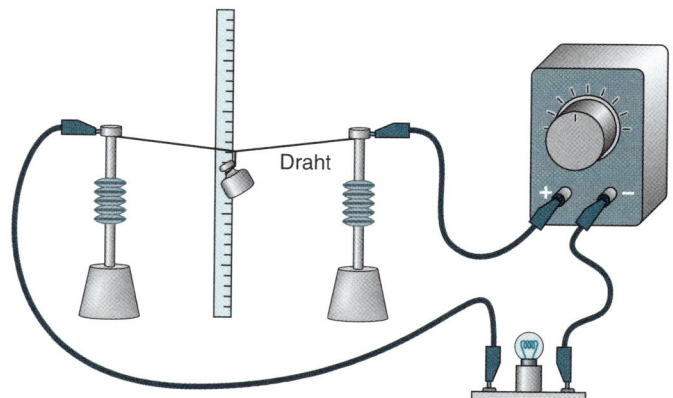

Draht

Das Messgerät nutzt die Wärmewirkung des elektrischen Stroms aus. Fließt ein elektrischer Strom (am Brennen der Lampe zu erkennen) erwärmt sich der Draht und dehnt sich aus. Das Gewichtsstück senkt sich ab. Bringt man hinter das Gewicht eine Skala (Lineal) kann man an ihr ablesen, wie groß die Absenkung ist (je höher der Strom, desto größer die wärmebedingte Ausdehnung des Drahts und somit auch die Absenkung des Gewichts).
Lässt man durch das „Messgerät" Ströme bekannter Größe fließen, kann man die Skala entsprechend eichen (ACHTUNG: Die Absenkung ist i. A. nicht proportional zur Stromstärke!).

Aufgabe 102

a) $P = U \cdot I = 3\,V \cdot 0,8\,A = 2,4\,W$

b) Man benötigt zwei Monozellen ($2 \cdot 1,5\,V = 3\,V$).

c) $3\,h\,15\,min = 195\,min = 11700\,s$

   $P = \dfrac{W}{t}$ und somit $W = P \cdot t = 2,4\,W \cdot 11700\,s = 28080\,J = 28,08\,kJ$

d) $1\,kWh = 1000\,Wh = 3\,600\,000\,Ws = 3\,600\,000\,J$
   2 Monozellen liefern $28\,080\,J$ elektrischer Energie; d. h. für $1\,kWh$ benötigt man 257 Monozellen, die dann zusammen einen Preis von $436,90\,€$ hätten.

Aufgabe 103

Pro Tag würde der Kopierer 5 Betriebsstunden weniger laufen, an 220 Schultagen also 1100 h. Die Leistung im Stand-by-Betrieb beträgt 320 W. Daraus ergibt sich eine Energie

$$W = P \cdot t = 320\,W \cdot 1100\,h = 352\,000\,Wh = 352\,kWh$$

$$352\,kWh \cdot 0{,}21\,\frac{€}{kWh} = 73{,}92\,€$$

An diesem Kopierer ließen sich jährlich also knapp 74 Euro einsparen.

Aufgabe 104

Körper- und Übergangswiderstand sind „in Reihe geschaltet" und müssen daher addiert werden. $R_{ges} = R_K + R_Ü$.

Für die Stromstärke gilt dann: $I = \dfrac{U}{R_{ges}}$.

Je kleiner der Gesamtwiderstand ist, desto größer und gefährlicher wird der Strom durch den Körper.

$$I_1 = \frac{230\,V}{600\,\Omega + 150\,\Omega} = \frac{230\,V}{750\,\Omega} \approx 307\,mA$$

$$I_2 = \frac{230\,V}{600\,\Omega + 7500\,\Omega} = \frac{230\,V}{8100\,\Omega} \approx 28{,}4\,mA$$

Aufgabe 105

Ein physikalisches Feld ist ein Raum / Bereich, in dem ein geeigneter Probekörper aufgrund eines äußeren Einflusses eine Kraftwirkung erfährt.

In diesem Fall handelt es sich um elektrische Felder, die von geladenen Kugeln erzeugt werden.

Im linken Bild handelt es sich um entgegengesetzt geladene Kugeln, sodass Feldlinien von der positiven zur negativen Kugel verlaufen, während im rechten Bild zwischen zwei identisch geladenen Kugeln keine Feldlinien verlaufen.

Die Richtung der Feldlinien gibt per Definition die Kraft auf einen positiv geladenen Probekörper an. Eine negativ geladene Kugel würde sich daher in Feld 1 entgegen der Feldlinien hin zur positiven Kugel bewegen und in Feld 2 keinerlei Kraftwirkung erfahren (sich also auch nicht bewegen), da der Bereich in der Mitte feldfrei ist.

Aufgabe 106

Auf einen stromdurchflossenen Leiter wirkt im magnetischen Feld die Lorentz-kraft F_L. Sie bewirkt eine Bewegung des Kupferstabs nach links (auf das Netz-gerät zu). Die Richtung ist abhängig von der Richtung der magnetischen Feldlinien und der Stromrichtung. Sie ergibt sich aus der Drei-Finger-Regel der linken Hand.

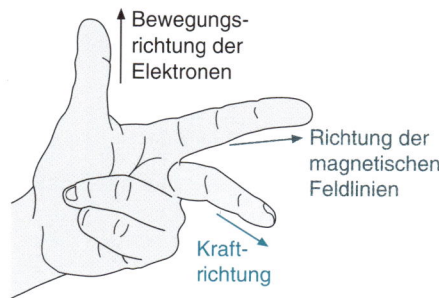

Würde man das Netzgerät umpolen, würde sich auch die Bewegungsrichtung des Kupferstabs umkehren.

Aufgabe 107

a) Auf bewegte, geladene Teilchen (hier Elektronen) wirkt im magnetischen Feld die Lorentzkraft F_L. Sie steht dabei senkrecht zur Bewegungsrichtung und senkrecht zu den magnetischen Feldlinien und bewirkt somit eine Ablenkung der Teilchen.

b) Um eine Ablenkung nach unten zu bewirken, müssen die magnetischen Feld-linien im Hufeisenmagnet von vorne nach hinten verlaufen (vgl. Drei-Finger-Regel aus Aufgabe 106). Somit befindet sich vorne der Nord- und hinten der Südpol des Magneten.

c) Je langsamer sich die Elektronen bewegen, desto länger sind sie dem Ein-fluss der ablenkenden Lorentzkraft ausgesetzt (sie benötigen mehr Zeit zum Durchfliegen des magnetischen Feldes). Dies wiederum bewirkt eine stärkere Ablenkung. Die Strecke s wird größer.

Aufgabe 108

Ein Fahrraddynamo besteht im Wesentlichen aus einem Permanentmagneten, einer drehbar gelagerten Spule und einem kleinen gummierten Rad, das an einen Reifen des Fahrrads anliegt. Das gummierte Rad und die Spule sind über eine Achse miteinander verbunden, sodass sich die Bewegung des Reifens auf die Spule überträgt.

Bewegt sich ein elektrischer Leiter (hier die Spule) in einem Magnetfeld (im Inneren des Permanentmagneten), wird in ihm eine Spannung induziert. Verbindet man die Spulenenden mit einem Verbraucher (in diesem Fall dem Fahrradlämpchen), fließt ein Induktionsstrom und das Lämpchen leuchtet.

Die mechanische Energie der Bewegung des Reifens wurde in elektrische Energie umgewandelt.

Aufgabe 109

Fällt der Magnet frei durch die Spule, ändert sich im Inneren der Spule ständig das magnetische Feld. Dies ist die Ursache für eine Induktionsspannung in der Spule. Je größer dabei die Änderungsrate des magnetischen Feldes ist, desto größer ist auch der Betrag der induzierten Spannung. Beim freien Fall nimmt die Geschwindigkeit mit der Zeit zu, sodass der zweite Ausschlag betraglich eine größere Amplitude besitzt als der erste.

Da sich zunächst ein magnetischer Nordpol in die Spule hineinbewegt, später dann aber der Südpol im Inneren der Spule ist, dreht sich auch das Vorzeichen der induzierten Spannung um.

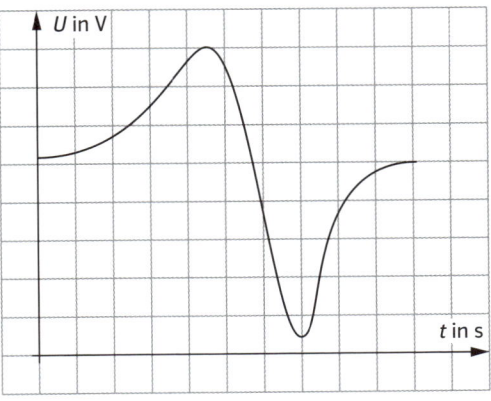

Aufgabe 110

Das Verhältnis der Spannungen auf Primär- und Sekundärseite ist gleich dem Verhältnis der Windungszahlen. Es gilt:

$$\frac{U_1}{U_2} = \frac{n_1}{n_2} \quad \Rightarrow \quad n_2 = n_1 \cdot \frac{U_2}{U_1} = 720 \cdot \frac{8\,V}{230\,V} \approx 25$$

Die Sekundärspule muss 25 Windungen erhalten.

Aufgabe 111

Die Stromstärken auf Primär- und Sekundärseite verhalten sich umgekehrt zu den Windungszahlen. Auf der Primärseite fließt maximal ein Strom von $I_1 = 2,5\,A$.

$$\frac{I_1}{I_2} = \frac{n_2}{n_1} \quad \Rightarrow \quad I_2 = I_1 \cdot \frac{n_1}{n_2} = 2,5\,A \cdot \frac{500}{5} = 250\,A$$

Eine derart hohe Stromstärke von 250 A bringt selbst einen dicken Eisennagel zum Glühen.

Aufgabe 112

Die elektrische Leistung ist das Produkt aus Spannung und Stromstärke.

$$\eta = \frac{P_2}{P_1} = \frac{U_2 \cdot I_2}{U_1 \cdot I_1} = \frac{32\,V \cdot 12,4\,A}{230\,V \cdot 1,8\,A} \approx 0,958 = 95,8\,\%$$

Das Übersetzungsverhältnis erhält man zum Beispiel über die Primär- und Sekundärspannungen:

$$\frac{U_1}{U_2} = \frac{n_1}{n_2} \quad \Rightarrow \quad \frac{n_1}{n_2} = \frac{230\,V}{32\,V} = 7,1875$$

Die Primärseite hat 7,1875-mal so viele Windungen, wie die Sekundärseite.

Aufgabe 113

Erhitzt man die Eisenspule, steigt ihr ohmscher Widerstand und damit der Gesamtwiderstand der Schaltung. Bei konstanter Spannung U sinkt dadurch die Stromstärke I.

Erhitzt man dagegen den NTC Widerstand (Heißleiter) reduziert sich dessen ohmscher Widerstand und die Stromstärke im gesamten Stromkreis steigt an.

Aufgabe 114

Dioden sind elektronische Halbleiterbauteile, die u.a. die Eigenschaft haben, den Strom nur in eine Richtung „durchzulassen" (in der Elektrotechnik spricht man von Durchlass- bzw. Sperrrichtung einer Halbleiterdiode). Der Pfeil im Schaltsymbol kennzeichnet dabei immer die Durchlassrichtung (technische Stromrichtung).

In dieser Schaltung leuchtet ausschließlich Lampe L_3. Die Lampen L_1 und L_2 werden durch die Diode D_1 in Durchlassrichtung überbrückt. Die Diode D_2 ist dagegen in Sperrrichtung geschaltet, so dass über sie kein Strom fließen kann. Ein geschlossener Stromkreis entsteht also vom Pluspol über D_1 und L_3 zum Minuspol.

7./8.
KLASSE

9./10.
KLASSE

Aufgabe 115

Die in den Schaltungen angelegte Spannung U teilt sich auf den Festwiderstand R und den LDR-Widerstand auf.

Dabei gilt: $\dfrac{R_{fest}}{R_{LDR}} = \dfrac{U_{fest}}{U_{LDR}}$

In Abbildung b) fällt am LDR-Widerstand die Basis-Emitter-Spannung ab. Diese muss einen gewissen Schwellenwert übersteigen, damit der Transistor „durchschaltet" und im Kollektor-Emitter-Kreis ein Strom fließen und somit die Lampe leuchten kann.

Reduziert sich jetzt der Lichteinfall von außen, vergrößert sich der Widerstand des LDR. Nach obiger Gleichung fällt dann auch eine höhere Spannung an ihm ab. Somit wird bei stetig steigender Dunkelheit die Spannung am LDR-Wiederstand ebenfalls kontinuierlich größer. Übersteigt sie die Schwellspannung des Transistors, schaltet dieser durch und die Lampe leuchtet.

Die Schaltung a) würde sich daher nicht eignen. Hier reduziert sich mit zunehmender Dunkelheit die Basis-Emitter-Spannung, da ja ein höherer Teil der Spannung ebenfalls wieder am LDR abfällt.

Aufgabe 116

Das Wasser in beiden Gefäßen hat zunächst die gleiche Temperatur. Durch die beiden Kerzen wird jetzt jeweils Energie in Form von Wärme zugeführt. Die jeweiligen Wärmemengen sind ebenfalls gleich groß, führen aber im großen Becken (großes Wasservolumen) zu einer deutlich geringeren Temperaturerhöhung als beim Wasser im Reagenzglas.

Die Temperatur ist demnach eine Zustandsgröße / Zustandsbeschreibung des Wassers, während es sich bei Wärme physikalisch um eine Energieform (Wärmeenergie / thermische Energie) handelt.

Aufgabe 117

Der Zuckerwürfel im heißen Wasser löst sich deutlich schneller auf.

Die Temperatur ist ein Maß für die innere Energie eines Stoffes, hier des Wassers. Im Teilchenmodell kann man sich diese innere Energie als Summe der Bewegungsenergien der einzelnen Teilchen vorstellen.

In der Untertasse mit dem heißen Wasser besitzen also alle Wasserteilchen eine deutlich höhere Bewegungsenergie, als die im kalten Wasser. Damit steht mehr Energie zur Verfügung, Teilchen aus dem Verbund des Zuckerkristalls zu lösen.

Aufgabe 118

a) Nach dem 1. Hauptsatz der Wärmelehre gilt für die Wärmeenergie W:
$W = c \cdot m \cdot \Delta\vartheta$. In dieser Formel ist c die spezifische Wärmekapazität des Wassers, m die Masse des Wassers und $\Delta\vartheta$ die Temperaturerhöhung.

Für die Masse des Wassers gilt: $1\,dm^3$ Wasser entspricht einer Masse von $1\,kg$.

$V = A \cdot h = 2\,m^2 \cdot 0{,}4\,m = 0{,}8\,m^3 = 800\,dm^3$

$$W = c \cdot m \cdot \Delta\vartheta \quad \Rightarrow \quad \Delta\vartheta = \frac{W}{c \cdot m} = \frac{6{,}32 \cdot 10^3\,kJ}{4{,}19\,\frac{kJ}{kg \cdot K} \cdot 800\,kg} \approx 1{,}89\,K = 1{,}89\,°C$$

Die Wassertemperatur im Planschbecken ändert sich also um ca. $2\,°C$.

b) Das Volumen des Schwimmbeckens beträgt:

$V = 10\,m \cdot 25\,m \cdot 2{,}2\,m = 550\,m^3$, was einer Wassermasse von $550\,000\,kg$ entspricht.

$$\Delta\vartheta = \frac{W}{c \cdot m} = \frac{6{,}32 \cdot 10^3\,kJ}{4{,}19\,\frac{kJ}{kg \cdot K} \cdot 550 \cdot 10^3\,kg} \approx 0{,}0027\,K = 0{,}0027\,°C$$

Die Wassertemperatur erhöht sich nicht merklich.

Aufgabe 119

Bei allen Mischversuchen wird stets die von einem Stoff abgegebene Wärmemenge vom anderen Stoff aufgenommen.

Es gilt: $W_{abgegeben} = W_{aufgenommen}$

In diesem Fall gibt das Kupfer Wärmeenergie ab, die dem Wasser zugeführt wird.

$W_{abgegeben} = c_{Cu} \cdot m_{Cu} \cdot \Delta\vartheta_{Cu}$

$\Delta\vartheta_{Cu}$ ist dabei die Temperaturdifferenz vom heißen Kupfer zum Kupfer, das genau die gleiche Temperatur hat, wie das von ihm erwärmte Wasser.

$\Delta\vartheta_{Cu} = 100\,°C - \vartheta_{mix}$

Für die vom Wasser aufgenommene Wärmemenge gilt entsprechend:

$W_{aufgenommen} = c_W \cdot m_W \cdot \Delta\vartheta_W \quad$ mit $\quad \Delta\vartheta_W = \vartheta_{mix} - 20\,°C$

Zusammen folgt:

$c_{Cu} \cdot m_{Cu} \cdot (100\,°C - \vartheta_{mix}) = c_W \cdot m_W \cdot (\vartheta_{mix} - 20\,°C)$

$c_{Cu} \cdot m_{Cu} \cdot 100\,°C - c_{Cu} \cdot m_{Cu} \cdot \vartheta_{mix} = c_W \cdot m_W \cdot \vartheta_{mix} - c_W \cdot m_W \cdot 20\,°C$

$c_{Cu} \cdot m_{Cu} \cdot 100\,°C + c_W \cdot m_W \cdot 20\,°C = c_W \cdot m_W \cdot \vartheta_{mix} + c_{Cu} \cdot m_{Cu} \cdot \vartheta_{mix}$

$c_{Cu} \cdot m_{Cu} \cdot 100\,°C + c_W \cdot m_W \cdot 20\,°C = \vartheta_{mix} (c_W \cdot m_W + c_{Cu} \cdot m_{Cu})$

$$\frac{c_{Cu} \cdot m_{Cu} \cdot 100\,°C + c_W \cdot m_W \cdot 20\,°C}{c_W \cdot m_W + c_{Cu} \cdot m_{Cu}} = \vartheta_{mix}$$

$$\vartheta_{mix} = \frac{0{,}38\,\frac{J}{g \cdot °C} \cdot 50\,g \cdot 100\,°C + 4{,}19\,\frac{J}{g \cdot °C} \cdot 250\,g \cdot 20\,°C}{4{,}19\,\frac{J}{g \cdot °C} \cdot 250\,g + 0{,}38\,\frac{J}{g \cdot °C} \cdot 50\,g}$$

$$= \frac{1900\,J + 20\,950\,J}{1066{,}5\,\frac{J}{°C}} = 21{,}43\,°C$$

Die Mischtemperatur beträgt also $21{,}43\,°C$.

Aufgabe 120

a) Die Abbildung zeigt eine mögliche Lösung. Wichtig sind die linearen Abschnitte beim Erwärmen des Eises von −12 °C auf 0 °C und des Wassers bis zum Sieden. Während des Schmelzens und beim Verdampfen bleibt die Temperatur dagegen konstant.

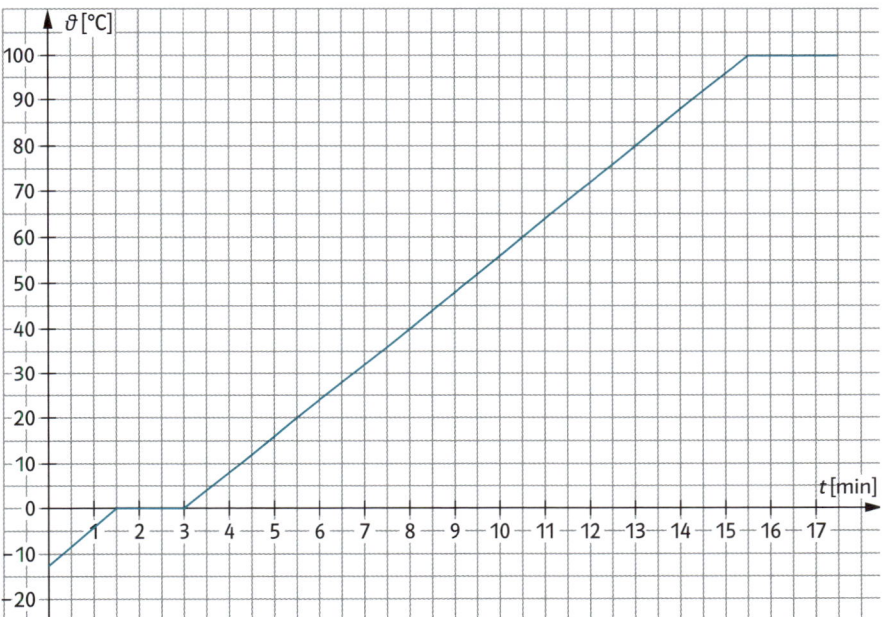

b) Zunächst muss das −12 °C kalte Eis auf Eis der Temperatur 0 °C angewärmt werden. Die dafür benötigte Energie ist:

$$W_{\text{erwärmen}} = c_{\text{Eis}} \cdot m_{\text{Eis}} \cdot \Delta\vartheta_{\text{Eis}} = 4{,}19 \, \frac{J}{g \cdot °C} \cdot 1500 \, g \cdot 12 \, °C = 75\,420 \, J$$

Die spezifische Schmelzwärme s gibt an, wie viel Energie man benötigt, um 1 g Eis in 1 g Wasser derselben Temperatur zu überführen.

Für Eis gilt: $s_{\text{Eis}} = 335 \, \dfrac{J}{g}$.

$$W_{\text{schmelzen}} = s_{\text{Eis}} \cdot m_{\text{Eis}} = 335 \, \frac{J}{g} \cdot 1500 \, g = 502\,500 \, J$$

Man benötigt zum Verflüssigen des Schnees also $W = 577{,}92 \, kJ$.

Für die Auftaudauer t folgt: $t = \dfrac{577{,}92 \, kJ}{70 \, \frac{kJ}{min}} \approx 8{,}26 \, min$

Nach ca. 8 min 16 s befindet sich kein Schnee mehr im Wasser.

Aufgabe 121

Das mit in Spiritus getränkter Watte umwickelte Thermometer wird nach einiger Zeit eine *deutlich niedrigere Temperatur* anzeigen.

Spiritus verdunstet bei Raumtemperatur relativ leicht. Da es sich beim Verdunsten um eine Änderung des Aggregatszustands von flüssig nach gasförmig handelt, benötigt dieser Vorgang Energie. Dem Spiritus muss also (Wärme-)Energie zugeführt werden. Diese Energie wird der unmittelbaren Umgebung, also insbesondere auch der Flüssigkeit im Thermometergefäß entzogen. Es kommt in der Umgebung daher zu einer Abkühlung.

Dieses Phänomen bezeichnet man in der Physik als Verdunstungskühlung.

Aufgabe 122

a) Die Butter auf der massiven Glasschicht schmilzt deutlich schneller als die Butter, die sich auf dem Glas-Luft-Glas Deckel befindet.

b) Das beobachtete Phänomen beruht auf der unterschiedlichen Wärmeleitfähigkeit von Luft und Glas. Während Glas ein relativ guter Wärmeleiter ist, kann die Luft Wärme nur sehr schlecht leiten. Durch die Luft wird Wärmeenergie hauptsächlich in Form von Strömung (warme Luft steigt auf) transportiert, was hier aufgrund des kleinen eingeschlossenen Volumens im Inneren eines Einmachgummis vernachlässigt werden kann.
Die Wärme des Wassers wird also in einem Fall sehr schnell an die Butter transportiert, wohingegen die Luftschicht der zweiten Anordnung isolierend wirkt, sodass die Wärme aus dem Glas nur sehr langsam den Glas-Luft-Glas-Deckel durchdringen kann.

c) Die Wärme isolierende Wirkung von Luft begegnet uns in unserem Alltag sehr häufig. Analog zu diesem Versuch zum Beispiel bei Doppelglasfenstern, die an kalten Tagen die warme Raumluft nicht so schnell nach draußen lassen, wie Fenster mit Einfachverglasung.
Die in Wollpullovern oder Bettdecken eingeschlossene Luft entfaltet ebenfalls eine isolierende Wirkung und lässt die Körperwärme nicht nach außen dringen.
Gleiches gilt für Dämmstoffe wie Styropor oder Glaswolle.

Aufgabe 123

Die Wärmeübertragung von der Herdplatte auf den Topfboden ist dann optimal, wenn beide Flächen deckungsgleich übereinander liegen. In diesem Fall wird die geringste Energiemenge entwertet.

Ist der Topf zu klein, wird die Wärmeenergie der nicht überdeckten Platte direkt an die Luft abgegeben. Sie erhitzt zwar den Raum (dies ist allerdings nicht wahrnehmbar), leistet aber keinen Beitrag zur Erwärmung des Topfinhalts.

Umgekehrt ist es auch nicht optimal, einen größeren Topf zu verwenden. Die mit der Platte überdeckte Bodenfläche erwärmt sich zwar optimal, jedoch kommt es zur Wärmeleitung, d.h. Wärme wird auch nach außen an die nicht geheizten Teile des Topfbodens abgegeben, wodurch sich die Zeit, die man beispielsweise zum Erwärmen von Wasser benötigt, merklich erhöht.

Aufgabe 124

Für ideale Gase gilt die allgemeine Gasgleichung: $\frac{p \cdot V}{T}$ = konstant.

Dieser Term muss also auch für die Luft in der Luftmatratze in beiden beschriebenen Situationen die gleiche Konstante liefern:

$$\frac{p_1 \cdot V_1}{T_1} = \frac{p_2 \cdot V_2}{T_2} \quad \Rightarrow \quad p_2 = p_1 \cdot \frac{V_1 \cdot T_2}{V_2 \cdot T_1} = 1{,}5\,\text{bar} \cdot \frac{750\,\text{cm}^3 \cdot 323\,\text{K}}{800\,\text{cm}^3 \cdot 293\,\text{K}} \approx 1{,}55\,\text{bar}.$$

Die Luftmatratze muss also auch noch rund 1,55 bar Druck standhalten.

Aufgabe 125

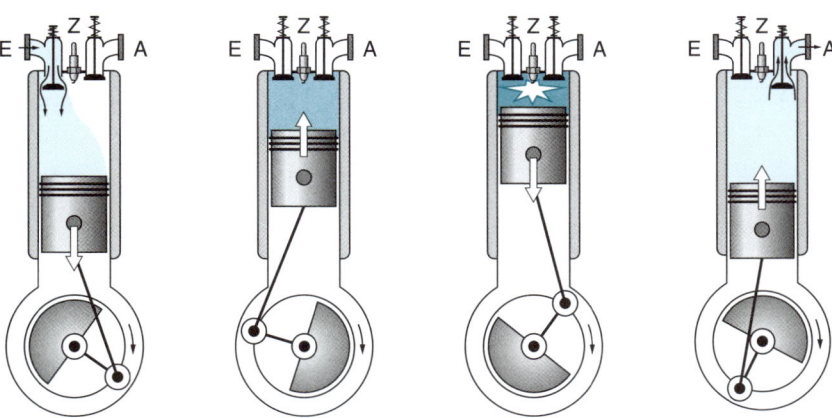

1. Takt

Im ersten Takt bewegt sich der Kolben nach unten. Gleichzeitig öffnet sich das Einlassventil. Die Volumenvergrößerung im Zylinder bewirkt einen Unterdruck, wodurch das Benzin-Luft-Gemisch in den Zylinder einströmen kann.

2. Takt

Die Ventile sind geschlossen. Der Kolben bewegt sich nach oben und verdichtet das Gemisch. Der Druck und die Temperatur steigen an.

3. Takt
Zum Zeitpunkt maximaler Verdichtung zündet die Zündkerze das heiße und unter hohem Druck stehende Benzin-Luft-Gemisch. Es kommt zu einer Explosion im Zylinder. Die extrem heiße Luft dehnt sich aus und drückt dadurch den Kolben nach unten (Arbeitstakt).

4. Takt
Die Trägheit des Schwungrads, das über die sogenannte Pleuelstange mit dem Kolben verbunden ist, sorgt dafür, dass der Kolben nicht am tiefsten Punkt stehen bleibt, sondern sich über diese Position hinaus wieder nach oben bewegt. Gleichzeitig öffnet sich das Auslassventil, so dass die Verbrennungsprodukte (Abgase) aus dem Zylinder nach außen abgeführt werden.

Aufgabe 126

Der Wirkungsgrad η (gr.: „eta") einer Wärmekraftmaschine ist definiert als der Quotient aus der nutzbaren mechanischen Energie und der zugeführten (Wärme-)Energie.

$$\eta = \frac{W_{nutzbar}}{W_{zugeführt}}$$

Im Heißluftmotor wird die Ausdehnung der erwärmten Luft (T_{hoch}) in mechanische Energie umgewandelt, wodurch sich die Luft abkühlt und danach eine tiefere Temperatur T_{tief} besitzt.
Insgesamt wird also die Energie $W = c \cdot m \cdot (T_{hoch} - T_{tief})$ in nutzbare mechanische Energie umgewandelt.

$$\eta = \frac{W_{nutzbar}}{W_{zugeführt}} = \frac{c \cdot m \cdot (T_{hoch} - T_{tief})}{c \cdot m \cdot T_{hoch}} = \frac{(T_{hoch} - T_{tief})}{T_{hoch}} = 1 - \frac{T_{tief}}{T_{hoch}}$$

$$\eta = 1 - \frac{T_{tief}}{T_{hoch}} \quad \Rightarrow \quad \eta - 1 = -\frac{T_{tief}}{T_{hoch}}$$

$$T_{hoch} \cdot (\eta - 1) = -T_{tief} \quad \text{mit } \eta = 0{,}45 \text{ folgt}$$

$$T_{hoch} = -\frac{T_{tief}}{(\eta - 1)} = -\frac{313\,K}{(0{,}45 - 1)} \approx 596\,K \, \hat{=} \, 296\,°C$$

Der Heißluftmotor müsste am warmen Ende auf knapp 300 °C erhitzt werden.

Aufgabe 127

Durch Zufuhr mechanischer Energie ist es möglich, einem kälteren Körper weitere Wärme-(energie) zu entziehen. Man spricht in der Physik von einer Wärmepumpe. Sowohl die entzogene Wärme W_t als auch die zugeführte mechanische Energie W_{mech} werden allerdings bei der höheren Temperatur T_h als Wärme W_h wieder abgegeben.
Es ist also nicht nur nicht möglich den Raum durch einen offenen Kühlschrank zu kühlen, es passiert sogar das Gegenteil, der Raum wird zusätzlich geheizt.

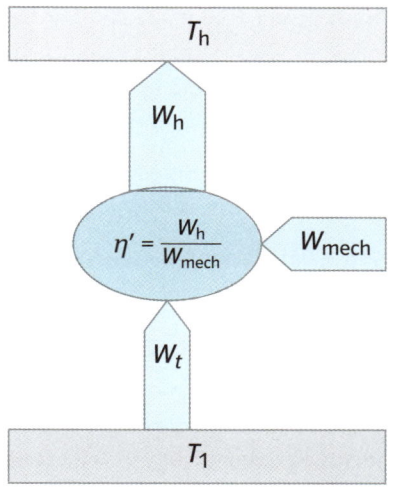

Wärmepumpe

Aufgabe 128

a) Die Entropie ist definiert als Quotient aus fließender Wärmeenergie und absoluter Temperatur.

$$S = \frac{W_{th}}{T}$$

Die thermische Energie ist das Produkt aus Leistung und Zeit

$$W_{th} = P \cdot t = 350\,W \cdot 180\,s = 63\,000\,J$$

$$S = \frac{W_{th}}{T} = \frac{63\,000\,J}{291\,K} \approx 216,49\,\frac{J}{K}$$

Es wird also eine Entropie von $216,49\,\frac{J}{K}$ erzeugt.

b) Für die Temperaturzunahme gilt:

$$\Delta\vartheta = \frac{W}{c \cdot m} = \frac{P \cdot t}{c \cdot m} = \frac{350\,W \cdot 180\,s}{4,19\,\frac{J}{g \cdot K} \cdot 250\,g} \approx 60,14\,K$$

Das Wasser erwärmt sich um etwa 60 K (= 60 °C).

c) Bei jeglicher Form von Energieübertragung wird Energie entwertet. Diese Entwertung ist umso größer, je niedriger die Temperatur des Körpers ist, der die Energie aufnimmt. Die Entropie beschreibt genau diese entwertete Energie. Da sich das Wasser im Laufe des Heizvorgangs kontinuierlich erwärmt, wird bei diesem Prozess weniger Entropie erzeugt als im ersten Fall, bei dem die Raumtemperatur sich nicht merklich erhöht hat.

Aufgabe 129

Nach dem 1. Hauptsatz der Wärmelehre, wäre ein solcher Vorgang durchaus denkbar. Dieser besagt lediglich, dass die Zufuhr von Energie zu einer Erhöhung der Temperatur und entsprechend die Abgabe von Energie zu einer Abnahme der Temperatur des Körpers führt.

Der 2. Hauptsatz der Wärmelehre sagt darüber hinaus, dass Entropie zwar erzeugt, aber nicht vernichtet werden kann.

Wenn ein Körper höherer Temperatur T_h Wärmeenergie an einen Körper tieferer Temperatur T_t abgibt, wird dabei im gesamten System Entropie erzeugt.

$$\Delta S = S_{\text{aufgenommen}} - S_{\text{abgegeben}} = \frac{W_{th}}{T_t} - \frac{W_{th}}{T_h} = W_{th} \cdot \left(\frac{1}{T_t} - \frac{1}{T_h} \right) > 0$$

Die Entropiezunahme des aufnehmenden Körpers ist also stets größer als die Entropieabnahme des abgebenden Körpers. Ein Prozess kann in umgekehrter Richtung daher nicht von selbst ablaufen. Dies wäre gleichbedeutend mit einer Abnahme der Entropie des Systems ($\Delta S < 0$) und widerspricht somit dem 2. Hauptsatz der Wärmelehre.

Aufgabe 130

✔ **Die Temperatur auf der rechten Seite ist höher als links.**
Temperatur ist ein Maß für die innere Energie eines Körpers, d. h. für die Summe aller Teilchenenergien, die hier durch die gefüllten Kästchen symbolisiert werden.

f **Es strömt Energie von links nach rechts.**
Energie strömt von selbst stets von einem Körper hoher zu einem Körper tiefer Temperatur.

f **Es strömt Kälte von der kalten zur warmen Seite.**
Bei „Kälte" handelt es sich um keine physikalische Größe. Strömen kann stets nur Wärme(-energie) bzw. Entropie.

✔ **Die Entropie der warmen Seite nimmt ab, die der kalten zu.**
Weiterhin ist die Entropiezunahme des aufnehmenden Körpers auch stets größer als die Entropieabnahme des abgebenden Körpers.

✔ **Die Entropie des gesamten Gegenstandes nimmt zu.**
Wenn ein Körper höherer Temperatur T_h Wärmeenergie an einen Körper tieferer Temperatur T_t abgibt, wird dabei im gesamten System Entropie erzeugt (2. Hauptsatz der Wärmelehre).

Aufgabe 131

Berechnung mit dem Energieerhaltungssatz:

$$m \cdot g \cdot h = \frac{1}{2} m \cdot v^2 \quad \Rightarrow \quad h = \frac{v^2}{2g} = \frac{\left(90 : 3{,}6\,\frac{m}{s}\right)^2}{2 \cdot 9{,}81\,\frac{m}{s^2}} \approx 31{,}86\,m$$

Der Wagen müsste aus einer Höhe von ca. 32 m fallen.

Aufgabe 132

Da bei der Berechnung der kinetischen Energie die Geschwindigkeit quadratisch zu berücksichtigen ist, ist für die doppelte Geschwindigkeit die vierfache Energie notwendig. Deshalb muss auch der Abhang die vierfache Höhe haben.

Aufgabe 133

Steigt man einen Berg hinab, so wird Lageenergie in kinetische Energie umgewandelt. Die eigene Geschwindigkeit nimmt also zu. Um nicht immer schneller zu werden, müssen die Muskeln Kraft aufwenden, um den Körper abzubremsen. Dafür ist Energie erforderlich.

Aufgabe 134

a) Wird die Kugel waagrecht ausgelenkt, so befindet sie sich 1,25 m über dem Boden. Diese Lageenergie wird in kinetische Energie umgewandelt:

$$m \cdot g \cdot h_{max} = \frac{1}{2} m \cdot v_{max}^2 \quad \Rightarrow \quad v_{max} = \sqrt{2g \cdot h_{max}} = \sqrt{2 \cdot 9{,}81\,\tfrac{m}{s^2} \cdot 1{,}25\,m} \approx 4{,}95\,\tfrac{m}{s}$$

Die maximale Geschwindigkeit beträgt $4{,}95\,\frac{m}{s}$.

b) Ist die Geschwindigkeit halb so groß, so befindet sich die Kugel nicht im tiefsten Punkt. Es liegen also Lageenergie und kinetische Energie vor:

$$m \cdot g \cdot h_{max} = \frac{1}{2} m \cdot v_{halb}^2 + m \cdot g \cdot h_{halb} \Rightarrow$$

$$h_{halb} = \left(g \cdot h_{max} - \frac{1}{2} m \cdot v_{halb}^2\right) : g = 1{,}25\,m - \frac{1}{2}\,\frac{\left(0{,}5 \cdot 4{,}95\,\frac{m}{s}\right)^2}{9{,}81\,\frac{m}{s^2}} \approx 0{,}94\,m$$

Bei halber Geschwindigkeit beträgt die Höhe 0,94 m.

9./10.
KLASSE

Aufgabe 135

a) Die Feder dehnt sich, bis sich Gewichtskraft und Spannkraft der Feder genau ausgleichen:

$$F_G = F_{sp} \implies m \cdot g = D \cdot s \implies D = \frac{m \cdot g}{s} = \frac{0{,}1\,kg \cdot 9{,}81\frac{m}{s^2}}{0{,}05\,m} = 19{,}62\,\frac{kg}{s^2}$$

Die Federkonstante beträgt $19{,}62\,\frac{kg}{s^2}$.

b) Unterer Umkehrpunkt: ausschließlich Spannungsenergie, die Feder ist um insgesamt 8 cm gedehnt:

$$E_{ges} = E_{sp} = \frac{1}{2}D \cdot s^2 = \frac{1}{2} \cdot 19{,}62\,\frac{kg}{s^2} \cdot (0{,}08\,m)^2 \approx 62{,}78\,mJ$$

Oberer Umkehrpunkt: Lageenergie und Spannungsenergie, die Masse befindet sich 6 cm oberhalb des unteren Umkehrpunkts, die Feder ist um 2 cm gedehnt:

$$E_{ges} = E_L + E_{sp}$$

$$E_L = m \cdot g \cdot h = 0{,}1\,kg \cdot 9{,}81\frac{m}{s^2} \cdot 0{,}06\,m \approx 58{,}86\,mJ$$

$$E_{sp} = \frac{1}{2}D \cdot s^2 = \frac{1}{2} \cdot 19{,}62\,\frac{kg}{s^2} \cdot (0{,}02\,m)^2 \approx 3{,}92\,mJ$$

Gleichgewichtslage: Lageenergie, Spannungsenergie und kinetische Energie, die Masse befindet sich 3 cm oberhalb des unteren Umkehrpunkts, die Feder ist um 5 cm gedehnt:

$$E_{ges} = E_L + E_{sp} + E_{kin}$$

$$E_L = m \cdot g \cdot h = 0{,}1\,kg \cdot 9{,}81\frac{m}{s^2} \cdot 0{,}03\,m \approx 29{,}43\,mJ$$

$$E_{sp} = \frac{1}{2}D \cdot s^2 = \frac{1}{2} \cdot 19{,}62\,\frac{kg}{s^2} \cdot (0{,}05\,m)^2 \approx 24{,}53\,mJ$$

$$E_{kin} = E_{ges} - E_L - E_{sp} = 62{,}78\,mJ - 29{,}43\,mJ - 24{,}53\,mJ \approx 8{,}83\,mJ$$

Die Summe der drei Energieformen ist in jedem Punkt konstant.

Aufgabe 136

Die kinetische Energie wird in Lageenergie umgewandelt. Dabei stehen nur 75 % der ursprünglichen Energie zur Verfügung:

$$m \cdot g \cdot h = 0{,}75 \cdot \frac{1}{2}m \cdot v^2 \implies h = \frac{0{,}75 \cdot v^2}{2g} = \frac{0{,}75 \cdot \left(100 : 3{,}6\frac{m}{s}\right)^2}{2 \cdot 9{,}81\frac{m}{s^2}} \approx 29{,}50\,m$$

Bei einem Winkel von 13° gegenüber der Horizontalen kann die für einen Höhenunterschied von 29,50 m notwendige Strecke mit Hilfe des Sinus berechnet werden:

$$\sin\alpha = \frac{h}{s} \qquad s = \frac{h}{\sin\alpha} = \frac{29{,}5\,m}{\sin 13°} \approx 131{,}12\,m$$

Der LKW fährt eine Strecke von ca. 131 m den Berg hinauf.

Aufgabe 137

a) Die kinetische Energie beim Aufprall entspricht der Lageenergie zu Beginn:

$$m \cdot g \cdot h = \frac{1}{2} m \cdot v_a^2 \quad \Rightarrow \quad v_a = \sqrt{2 g \cdot h} = \sqrt{2 \cdot 9{,}81 \frac{m}{s^2} \cdot 10\,m} \approx 14{,}01 \frac{m}{s}$$

Die kinetische Energie entspricht:

$$E_{\text{kin},a} = \frac{1}{2} m \cdot v_a^2 = \frac{1}{2} 50\,kg \cdot \left(14{,}01 \frac{m}{s}\right)^2 = 4905\,J$$

b) Solange der Körper reibungsfrei gleitet, ändert sich an den Werten für die Geschwindigkeit und die zugehörige Energie nichts.

c) Werden 30 % der vorhandenen Energie in Wärme umgewandelt, so bleiben noch 70 % der ursprünglichen Energie. Diese entsprechen der kinetischen Energie am Rampenende:

$$0{,}7 \cdot E_{\text{kin},a} = E_{\text{kin},c} = \frac{1}{2} m \cdot v_c^2 \quad \Rightarrow$$

$$v_c = \sqrt{\frac{2 \cdot 0{,}7 \cdot E_{\text{kin},a}}{m}} = \sqrt{\frac{2 \cdot 0{,}7 \cdot 4905\,J}{50\,kg}} \approx 11{,}72 \frac{m}{s}$$

Die Geschwindigkeit beträgt $11{,}72 \frac{m}{s}$.

Aufgabe 138

Insgesamt überwindet der Trampolinspringer mit den Hanteln eine Höhe von 3 m. Im Absprungpunkt liegt nur Lageenergie vor. Der Trampolinspringer (ohne Hanteln) wird bis zu dem Punkt beschleunigt, an dem das Sprungtuch entspannt ist. Deshalb liegt hier seine maximale Geschwindigkeit vor:

$$m_{\text{mit}} \cdot g \cdot h_{\text{ges}} = \frac{1}{2} m_{\text{ohne}} \cdot v_{\text{max}}^2 + m_{\text{ohne}} \cdot g \cdot h \quad \Rightarrow$$

$$v_{\text{max}} = \sqrt{\frac{2 g \left(m_{\text{mit}} \cdot h_{\text{ges}} - m_{\text{ohne}} \cdot h\right)}{m_{\text{ohne}}}}$$

$$= \sqrt{\frac{2 \cdot 9{,}81 \frac{m}{s^2} (85\,kg \cdot 3\,m - 75\,kg \cdot 1\,m)}{75\,kg}} \approx 6{,}86 \frac{m}{s}$$

Der Springer erreicht ohne Hanteln eine größere Endhöhe:

$$m_{\text{mit}} \cdot g \cdot h_{\text{ges}} = m_{\text{ohne}} \cdot g \cdot h_{\text{ohne}} \quad \Rightarrow \quad h_{\text{ohne}} = \frac{m_{\text{mit}}}{m_{\text{ohne}}} \cdot h_{\text{ges}} = \frac{85\,kg}{75\,kg} \cdot 3\,m = 3{,}4\,m$$

Er erreicht also (vom Sprungtuch aus gemessen) eine Höhe von 2,4 m.

Aufgabe 139

a) Das Brettchen wird um 14° aus seiner ursprünglichen Position ausgelenkt. Dadurch erreicht es eine gewisse Steighöhe h:

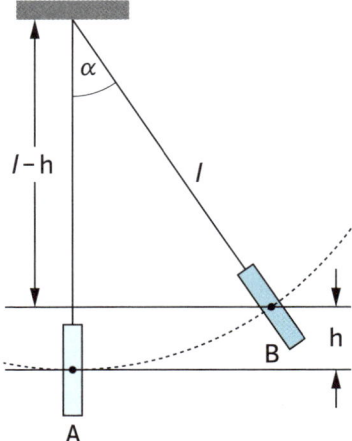

$$\cos\alpha = \frac{l-h}{l} \quad\Rightarrow$$
$$h = l\cdot(1-\cos\alpha)$$
$$= 0{,}8\,m\cdot(1-\cos 14°)$$
$$\approx 0{,}0238\,m$$

Mit dem Energieerhaltungssatz lässt sich nun die Geschwindigkeit des Brettchens nach dem Durchschuss ermitteln:

$$\frac{1}{2}m_1\cdot u_1^2 = m_1\cdot g\cdot h \quad\Rightarrow\quad u_1 = \sqrt{2g\cdot h} = \sqrt{2\cdot 9{,}81\,\frac{m}{s^2}\cdot 0{,}0238\,m} \approx 0{,}68\,\frac{m}{s}$$

Die Geschwindigkeit u_2 des Geschosses nach dem Durchschuss kann über den Impulserhaltungssatz ermittelt werden:

$$m_1\cdot v_1 + m_2\cdot v_2 = m_1\cdot u_1 + m_2\cdot u_2 \quad\Rightarrow\quad u_2 = \frac{m_1\cdot v_1 + m_2\cdot v_2 - m_1\cdot u_1}{m_2}$$

$$= \frac{1{,}5\,kg\cdot 0\,\frac{m}{s} + 5\cdot 10^{-3}\,kg\cdot 400\,\frac{m}{s} - 1{,}5\,kg\cdot 0{,}68\,\frac{m}{s}}{5\cdot 10^{-3}\,kg} \approx 195{,}16\,\frac{m}{s}$$

b) Der Energiebetrag, der in innere Energie umgewandelt wird, entspricht der Differenz aus kinetischer Energie des Geschosses vor dem Durchschuss und der Summe der kinetischen Energien des Brettchens und des Geschosses nach dem Durchschuss:

$$\Delta E = \frac{1}{2}m_2\cdot v_2^2 - \left(\frac{1}{2}m_1\cdot u_1^2 + \frac{1}{2}m_2\cdot u_2^2\right) = \frac{1}{2}\left[m_2\cdot v_2^2 - m_1\cdot u_1^2 - m_2\cdot u_2^2\right]$$

$$= \frac{1}{2}\,5\cdot 10^{-3}\,kg\cdot\left(400\,\frac{m}{s}\right)^2 - 1{,}5\,kg\cdot\left(0{,}68\,\frac{m}{s}\right)^2 - 5\cdot 10^{-3}\,kg\cdot\left(195{,}16\,\frac{m}{s}\right)^2$$

$$\approx 304{,}44\,J$$

c) Wenn das Geschoss im Brett steckenbleiben würde, so berechnet sich die Geschwindigkeit u des Brettchens samt Geschoss über den Impulserhaltungssatz:

$$m_1\cdot v_1 + m_2\cdot v_2 = (m_1 + m_2)\cdot u \quad\Rightarrow\quad u = \frac{m_1\cdot v_1 + m_2\cdot v_2}{m_1 + m_2}$$

$$= \frac{1{,}5\,kg\cdot 0\,\frac{m}{s} + 5\cdot 10^{-3}\,kg\cdot 400\,\frac{m}{s}}{1{,}5\,kg + 5\cdot 10^{-3}\,kg} \approx 1{,}33\,\frac{m}{s}$$

Daraus berechnet man über den Energieerhaltungssatz die Steighöhe des Pendels:

$$\frac{1}{2}(m_1 + m_2)\cdot u^2 = (m_1 + m_2)\cdot g\cdot H \quad\Rightarrow\quad H = \frac{u^2}{2g} = \frac{\left(1{,}33\,\frac{m}{s}\right)^2}{2\cdot 9{,}81\,\frac{m}{s^2}} \approx 0{,}09\,m$$

Daraus berechnet sich der Winkel β:

$$\cos\beta = \frac{l-h}{l} \approx 0{,}89 \quad\Rightarrow\quad \beta \approx 27{,}44°$$

Aufgabe 140

Der grundlegende Unterschied besteht darin, dass die Metallkugel in den Holzklotz eindringt, die Gummikugel jedoch davon abprallt.

Vor dem Auftreffen auf den Klotz ist der Impuls der Geschosse gleich groß, da sie gleiche Masse und Geschwindigkeit haben. Da das Metallgeschoss in den Klotz eindringt, wird dessen Impuls vollständig auf den Klotz übertragen, d.h. das Metallgeschoss übt eine gewisse Kraft auf den Klotz aus.

Bei dem Gummigeschoss ist der übertragene Impuls jedoch deutlich größer, da das Geschoss nicht nur abgebremst, sondern auch wieder in die andere Richtung beschleunigt wird. Dafür ist eine größere Kraft notwendig. Der Impulsübertrag kann bis zu doppelt so groß werden, damit wirkt auch eine bis zu doppelt so große Kraft. Deshalb wird das Gummigeschoss den Holzklotz eher umwerfen können.

Da das Metallgeschoss beim Eindringen in den Klotz vollständig abgebremst wird, geht dessen gesamte kinetische Energie in Wärme und Verformung von Klotz und Geschoss über, d.h. die Beschädigungen sind recht groß.

Das Gummigeschoss überträgt nur einen geringen Teil der Energie, da es sich nach dem Stoß noch immer mit hoher Geschwindigkeit bewegt. Deshalb steht auch nur wenig Energie zur Verformung (und Beschädigung) des Klotzes zur Verfügung. Das Gummigeschoss wird den Holzklotz deshalb nur wenig beschädigen.

Aufgabe 141

Berechnung mit dem Impulserhaltungssatz:

$$m_{\text{Gewehr}} \cdot v_{\text{Gewehr}} + m_{\text{Kugel}} \cdot v_{\text{Kugel}} = m_{\text{Gewehr}} \cdot u_{\text{Gewehr}} + m_{\text{Kugel}} \cdot u_{\text{Kugel}} \quad \Rightarrow$$

$$u_{\text{Gewehr}} = \frac{m_{\text{Gewehr}} \cdot v_{\text{Gewehr}} + m_{\text{Kugel}} \cdot v_{\text{Kugel}} - m_{\text{Kugel}} \cdot u_{\text{Kugel}}}{m_{\text{Gewehr}}}$$

$$= \frac{3,5\,\text{kg} \cdot 0\,\frac{m}{s} + 8 \cdot 10^{-3}\,\text{kg} \cdot 0\,\frac{m}{s} - 8 \cdot 10^{-3}\,\text{kg} \cdot 350\,\frac{m}{s}}{3,5\,\text{kg}} = -0,8\,\frac{m}{s}$$

Das Minuszeichen gibt an, dass sich das Gewehr mit $0,8\,\frac{m}{s}$ in entgegengesetzter Richtung der Kugel bewegt.

Aufgabe 142

Berechnung mit dem Impulserhaltungssatz:

$$m_{\text{voll}} \cdot v_{\text{voll}} + m_{\text{leer}} \cdot v_{\text{leer}} = (m_{\text{voll}} + m_{\text{leer}}) \cdot u$$

Die Geschwindigkeit des vollen Wagens vor dem Zusammenstoß ist 0, die Masse des vollen Wagens setzt sich aus der Masse des leeren Wagens und der Masse der Kohle zusammen:

$$m_{\text{leer}} \cdot v_{\text{leer}} = (m_{\text{Kohle}} + m_{\text{leer}} + m_{\text{leer}}) \cdot u = (m_{\text{Kohle}} + 2\,m_{\text{leer}}) \cdot u \quad \Rightarrow$$

$$m_{\text{Kohle}} = \frac{m_{\text{leer}} \cdot v_{\text{leer}}}{u} - 2\,m_{\text{leer}} = \frac{8000\,\text{kg} \cdot 2\,\frac{m}{s}}{0,5\,\frac{m}{s}} - 2 \cdot 8000\,\text{kg} = 16\,000\,\text{kg} = 16\,\text{t}$$

Die Kohle hat eine Masse von 16 t.

Aufgabe 143

In beiden Fällen wird ein Impuls vom Flugzeug auf den Untergrund übertragen. Beim Start auf einem Flugplatz findet eine Impulsübertragung auf die Erde statt. Da die Erdmasse im Vergleich zur Flugzeugmasse sehr groß ist, ist die Impulsänderung der Erde nicht wahrnehmbar, das Flugzeug erfährt dafür die volle Impulsänderung.

Beim Start auf einem Flugzeugträger ist dies prinzipiell genauso. Der einzige Unterschied ist, dass die Masse des Flugzeugträgers viel geringer ist, als die Erdmasse. Der Flugzeugträger wird etwas „nach hinten" geschoben und die Impulsänderung des Flugzeugs ist nicht mehr ganz so groß.

Jedoch ist auch die Masse eines Flugzeugträgers im Vergleich zur Masse des Flugzeugs sehr groß, sodass dieser Effekt äußerst gering ist.

Aufgabe 144

Anwendung des Energieerhaltungssatzes:

EES:
$$\frac{1}{2}m_1 \cdot v_1^2 + \frac{1}{2}m_2 \cdot v_2^2 = \frac{1}{2}m_1 \cdot u_1^2 + \frac{1}{2}m_2 \cdot u_2^2 \qquad | \cdot 2$$

$$m_1 \cdot v_1^2 + m_2 \cdot v_2^2 = m_1 \cdot u_1^2 + m_2 \cdot u_2^2$$

Umformen:
$$m_1 \cdot v_1^2 - m_1 \cdot u_1^2 = m_2 \cdot u_2^2 - m_2 \cdot v_2^2$$

Ausklammern:
$$m_1 \cdot \left(v_1^2 - u_1^2\right) = m_2 \cdot \left(u_2^2 - v_2^2\right) \qquad \text{(I)}$$

Anwendung des Impulserhaltungssatzes:

IES:
$$m_1 \cdot v_1 + m_2 \cdot v_2 = m_1 \cdot u_1 + m_2 \cdot u_2$$

Umformen:
$$m_1 \cdot v_1 - m_1 \cdot u_1 = m_2 \cdot u_2 - m_2 \cdot v_2$$

Ausklammern:
$$m_1 \cdot (v_1 - u_1) = m_2 \cdot (u_2 - v_2) \qquad \text{(II)}$$

Division der Gleichung (I) durch (II):

$$\frac{m_1 \cdot \left(v_1^2 - u_1^2\right)}{m_1 \cdot (v_1 - u_1)} = \frac{m_2 \cdot \left(u_2^2 - v_2^2\right)}{m_2 \cdot (u_2 - v_2)}$$

Kürzen:
$$\frac{v_1^2 - u_1^2}{v_1 - u_1} = \frac{u_2^2 - v_2^2}{u_2 - v_2}$$

3. Binomische Formel:

$$\frac{(v_1 + u_1) \cdot (v_1 - u_1)}{v_1 - u_1} = \frac{(v_2 + u_2) \cdot (v_2 - u_2)}{v_2 - u_2}$$

Kürzen:
$$v_1 + u_1 = v_2 + u_2$$

Umformen:
$$u_2 = v_1 + u_1 - v_2 \qquad \text{(III)}$$

Einsetzen von (III) in IES:

$$m_1 \cdot v_1 + m_2 \cdot v_2 = m_1 \cdot u_1 + m_2 \cdot (v_1 + u_1 - v_2)$$

Ausmultiplizieren:
$$m_1 \cdot v_1 + m_2 \cdot v_2 = m_1 \cdot u_1 + m_2 \cdot v_1 + m_2 \cdot u_1 - m_2 \cdot v_2$$

Umformen:
$$m_1 \cdot v_1 + m_2 \cdot v_2 - m_2 \cdot v_1 + m_2 \cdot v_2 = m_1 \cdot u_1 + m_2 \cdot u_1$$

Ausklammern:
$$(m_1 - m_2) \cdot v_1 + 2m_2 \cdot v_2 = (m_1 + m_2) \cdot u_1$$

$$u_1 = \frac{2m_2 \cdot v_2 + (m_1 - m_2) \cdot v_1}{m_1 + m_2}$$

Ebenso ergibt sich:
$$u_2 = \frac{2m_1 \cdot v_1 + (m_2 - m_1) \cdot v_2}{m_1 + m_2}$$

Aufgabe 145

a) Berechnung mit dem Impulserhaltungssatz:

$$(M_{Mann} + m_{3Steine}) \cdot v_{Wagen} = m_{1Stein} \cdot u_1 + (M_{Mann} + m_{2Steine}) \cdot u_{1,Wagen} \implies$$

$$u_{1,Wagen} = \frac{(M_{Mann} + m_{3Steine}) \cdot v_{Wagen} - m_{1Stein} \cdot u_1}{M_{Mann} + m_{2Steine}}$$

$$= \frac{(150\,kg + 3 \cdot 20\,kg) \cdot 0\,\frac{m}{s} - 20\,kg \cdot 10\,\frac{m}{s}}{150\,kg + 2 \cdot 20\,kg} \approx -1{,}05\,\frac{m}{s}$$

b) Berechnung mit dem Impulserhaltungssatz:

$$u_{2,Wagen} = \frac{(M_{Mann} + m_{2Steine}) \cdot u_{1,Wagen} - m_{1Stein} \cdot u_1}{M_{Mann} + m_{1Stein}}$$

$$= \frac{(150\,kg + 2 \cdot 20\,kg) \cdot \left(-1{,}05\,\frac{m}{s}\right) - 20\,kg \cdot 10\,\frac{m}{s}}{150\,kg + 1 \cdot 20\,kg} \approx -2{,}35\,\frac{m}{s}$$

$$u_{3,Wagen} = \frac{(M_{Mann} + m_{1Stein}) \cdot u_{2,Wagen} - m_{1Stein} \cdot u_1}{M_{Mann} + m_{0Stein}}$$

$$= \frac{(150\,kg + 1 \cdot 20\,kg) \cdot \left(-2{,}35\,\frac{m}{s}\right) - 20\,kg \cdot 10\,\frac{m}{s}}{150\,kg + 0 \cdot 20\,kg} \approx -4{,}00\,\frac{m}{s}$$

c) Betragsmäßige Geschwindigkeitszunahme nach dem ersten Abwurf:

$$\Delta v_1 = v_{Wagen} - u_{1,Wagen} = 0\,\frac{m}{s} - \left(-1{,}05\,\frac{m}{s}\right) = 1{,}05\,\frac{m}{s}$$

Betragsmäßige Geschwindigkeitszunahme nach dem zweiten Abwurf:

$$\Delta v_2 = u_{1,Wagen} - u_{2,Wagen} = -1{,}05\,\frac{m}{s} - \left(-2{,}35\,\frac{m}{s}\right) = 1{,}30\,\frac{m}{s}$$

Betragsmäßige Geschwindigkeitszunahme nach dem dritten Abwurf:

$$\Delta v_3 = u_{2,Wagen} - u_{3,Wagen} = -2{,}35\,\frac{m}{s} - \left(-4{,}00\,\frac{m}{s}\right) = 1{,}65\,\frac{m}{s}$$

Die Geschwindigkeit nimmt betragsmäßig immer mehr zu, da sich die zu beschleunigende Masse des Wagens immer weiter reduziert.

Aufgabe 146

a) $v = a \cdot t \implies a = \frac{v}{t} = \frac{60\,\frac{m}{s}}{0{,}1\,s} = 600\,\frac{m}{s^2}$

$$F = m \cdot a = 0{,}045\,kg \cdot 600\,\frac{m}{s^2} = 27\,N$$

Auf den Golfball wirkt eine Kraft von 27 N.

b) Abbremsen von $60\,\frac{m}{s}$ auf $0\,\frac{m}{s}$ innerhalb einer Strecke von 0,5 cm:

$$s = \frac{1}{2} a \cdot t^2, \; v = a \cdot t \implies s = \frac{1}{2} a \cdot \left(\frac{v}{a}\right)^2 = \frac{v^2}{2a} \implies a = \frac{v^2}{2s}$$

$$a = \frac{v^2}{2s} = \frac{\left(60\,\frac{m}{s}\right)^2}{2 \cdot 0{,}005\,m} = 360\,000\,\frac{m}{s^2}$$

$$F = m \cdot a = m \cdot \frac{v^2}{2s} = 0{,}045\,kg \cdot 360\,000\,\frac{m}{s^2} = 16\,200\,N$$

Der Ball wird mit einer Kraft von 16 200 N abgebremst.
Anmerkung: Wird die Richtung der Beschleunigung berücksichtigt und nicht wie hier nur der Betrag, so ist diese negativ, die Kraft wird dann ebenfalls negativ.

Aufgabe 147

$$s = \frac{1}{2} a \cdot t^2, \quad v = a \cdot t \quad \Rightarrow \quad s = \frac{1}{2} a \cdot \left(\frac{v}{a}\right)^2 = \frac{v^2}{2a} \quad \Rightarrow \quad a = \frac{v^2}{2s}$$

$$a = \frac{v^2}{2s} = \frac{\left(30 : 3,6 \frac{m}{s}\right)^2}{2 \cdot 0,5\,m} \approx 69,44 \frac{m}{s^2}$$

Die mittlere Beschleunigung der Insassen beträgt ca. $70 \frac{m}{s^2}$, das entspricht etwa der 7-fachen Erdbeschleunigung.

Aufgabe 148

a) Abschnitt I (0 s bis 10 s): Gleichmäßig beschleunigte Bewegung
   Abschnitt II (10 s bis 22 s): Gleichförmige Bewegung
   Abschnitt III (22 s bis 27 s): Gleichmäßig verzögerte Bewegung

b) Abschnitt I: $a = 0,8 \frac{m}{s^2};$ $\bar{v} = 4 \frac{m}{s};$ $v = a \cdot t$

   Abschnitt II: $a = 0 \frac{m}{s^2};$ $\bar{v} = 8 \frac{m}{s};$ $v = 8 \frac{m}{s}$

   Abschnitt III: $a = -1,6 \frac{m}{s^2};$ $\bar{v} = 4 \frac{m}{s};$ $v = -a \cdot t + v_0$

c)
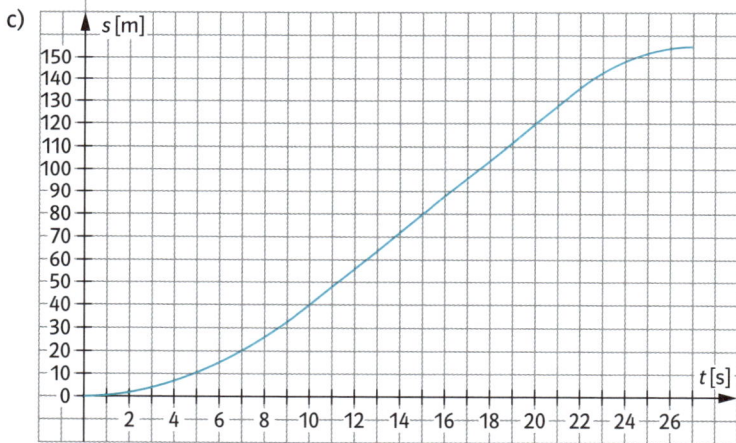

Der Wert für die gesamte Strecke entspricht der Fläche unter der Kurve im v-t-Diagramm.

d) Physikalisch unterscheiden sich Beschleunigungs- und Abbremsvorgang nur durch das negative Vorzeichen.

Aufgabe 149

Zeit t_1, die der PKW zum Beschleunigen benötigt:

$v_{end} = v_0 + a \cdot t_1 \implies$

$t_1 = \dfrac{v_{end} - v_0}{a} = \dfrac{120\,\frac{km}{h} - 80\,\frac{km}{h}}{2,5\,\frac{m}{s^2}} = \dfrac{40\,\frac{km}{h}}{2,5\,\frac{m}{s^2}} = \dfrac{40 : 3,6\,\frac{m}{s}}{2,5\,\frac{m}{s^2}} \approx 4,44\,s$

Strecke s_1, die der PKW während der Zeit t_1 zurücklegt:

$s_1 = \frac{1}{2} a \cdot t_1^2 + v_0 \cdot t_1 = \frac{1}{2} \cdot 2,5\,\frac{m}{s^2} \cdot (4,44\,s)^2 + \left(80 : 3,6\,\frac{m}{s}\right) \cdot 4,44\,s \approx 123,46\,m$

Strecke s_2 des entgegenkommenden PKWs und des LKWs während t_1:

$s_2 = v_0 \cdot t_1 = 80 : 3,6\,\frac{m}{s} \cdot 4,44\,s \approx 98,77\,m$

Reststrecke s_R zwischen den beiden PKWs:

$s_R = s - s_1 - s_2 = 250\,m - 123,31\,m - 98,77\,m = 27,78\,m$

Zeit t_3, die für diese Strecke vergehen würde:

$s_R = v_{end} \cdot t_3 + v_0 \cdot t_3 = (v_{end} + v_0) \cdot t_3 \implies$

$t_3 = \dfrac{s_R}{v_{end} + v_0} = \dfrac{27,78\,m}{120\,\frac{km}{h} + 80\,\frac{km}{h}} = \dfrac{27,78\,m}{200 : 3,6\,\frac{m}{s}} \approx 0,5\,s$

Strecke s_3, die der PKW in dieser Zeit zurücklegt:

$s_3 = v_{end} \cdot t_3 = 120 : 3,6\,\frac{m}{s} \cdot 0,5\,s \approx 16,67\,m$

Strecke s_4 des entgegenkommenden PKWs und des LKWs während t_3:

$s_4 = v_0 \cdot t_3 = 80 : 3,6\,\frac{m}{s} \cdot 0,5\,s \approx 11,11\,m$

Der PKW hat gegenüber dem LKW die Strecke s_5 aufgeholt:

$s_5 = s_1 - s_2 + s_3 - s_4 = 123,46\,m - 98,77\,m + 16,67\,m - 11,11\,m = 30,26\,m$

Ihm fehlen somit ca. 20 m für einen Überholvorgang, da er 50 m mehr zu überwinden hat.

Aufgabe 150

Der Anhalteweg setzt sich aus Reaktionsweg und Bremsweg zusammen. Der Reaktionsweg ist der Weg, der während der „Schrecksekunde" zurückgelegt wird, in dieser Zeit bremst der Fahrer noch nicht: $s_R = v \cdot t$

Der Bremsweg ist der Weg, der während des Bremsvorgangs zurückgelegt wird:

$$s = \frac{1}{2} a \cdot t^2 + s_0$$

Auto 1

$$s_R = 50 : 3{,}6 \, \frac{m}{s} \cdot 1\,s \approx 13{,}89\,m$$

$$v_B = v_0 - a \cdot t_B \quad \Rightarrow$$

$$t_B = \frac{v_B - v_0}{-a} = \frac{50 : 3{,}6 \, \frac{m}{s}}{7 \, \frac{m}{s^2}} \approx 1{,}98\,s$$

$$s_B = \frac{1}{2} a \cdot t_B^2 \approx 13{,}78\,m$$

$$s_A = s_R + s_B \approx 27{,}67\,m$$

Auto 2

$$s_R = 100 : 3{,}6 \, \frac{m}{s} \cdot 1\,s \approx 27{,}78\,m$$

$$v_B = v_0 - a \cdot t_B \quad \Rightarrow$$

$$t_B = \frac{v_B - v_0}{-a} = \frac{100 : 3{,}6 \, \frac{m}{s}}{7 \, \frac{m}{s^2}} \approx 3{,}97\,s$$

$$s_B = \frac{1}{2} a \cdot t_B^2 \approx 55{,}11\,m$$

$$s_A = s_R + s_B \approx 82{,}89\,m$$

Aufgabe 151

$$s = \frac{1}{2} a \cdot t^2 \quad \Rightarrow \quad a = \frac{2s}{t^2}$$

$$\bar{a} = \frac{10 \, \frac{m}{s^2} + 9{,}75 \, \frac{m}{s^2} + 9{,}44 \, \frac{m}{s^2}}{3} \approx 9{,}73 \, \frac{m}{s^2}$$

$t\,[s]$	0	0,2	0,4	0,6
$a\,[m/s^2]$	0	10	9,75	9,44

Die unterschiedlichen Beschleunigungswerte sind auf Messungenauigkeiten zurückzuführen. Zusätzlich dazu wird der Luftwiderstand vernachlässigt. Besonders bei der Messung zu 0,6 s ist aufgrund des zu geringen Wertes für die Beschleunigung zu erkennen, dass diese Vereinfachung nicht mehr möglich ist.

Aufgabe 152

Die Zeit, die vergeht bis man das Auftreffen hört setzt sich aus der Fallzeit des Steins und der Zeit, die der Schall zurück braucht, zusammen:

$$h = \frac{1}{2}g \cdot t_{Fall}^2 \quad \Rightarrow \quad t_{Fall} = \sqrt{\frac{2h}{g}} \, ; \quad h = v_{Schall} \cdot t_{Schall} \quad \Rightarrow \quad t_{Schall} = \frac{h}{v_{Schall}}$$

$$t = t_{Fall} + t_{Schall} = \sqrt{\frac{2h}{g}} + \frac{h}{v_{Schall}} \quad \Rightarrow \quad t - \frac{h}{v_{Schall}} = \sqrt{\frac{2h}{g}}$$

$$\left(t - \frac{h}{v_{Schall}}\right)^2 = \sqrt{\frac{2h}{g}} \quad \Rightarrow \quad t^2 - \frac{2h \cdot t}{v_{Schall}} + \frac{h^2}{v_{Schall}^2} = \frac{2h}{g}$$

$$t^2 - \frac{2h \cdot t}{v_{Schall}} - \frac{2h}{g} + \frac{h^2}{v_{Schall}^2} = 0 \quad \Rightarrow \quad \frac{h^2}{v_{Schall}^2} - \left(\frac{2t}{v_{Schall}} + \frac{2}{g}\right) \cdot h + t^2 = 0$$

$$g \cdot h^2 - \left(2t \cdot g \cdot v_{Schall} + 2v_{Schall}^2\right) \cdot h + t^2 \cdot g \cdot v_{Schall}^2 = 0$$

$$h = \frac{2t \cdot g \cdot v_{Schall} + 2v_{Schall}^2 \pm \sqrt{\left(2t \cdot g \cdot v_{Schall} + 2 \cdot v_{Schall}^2\right)^2 - 4 \cdot g \cdot t^2 \cdot g \cdot v_{Schall}^2}}{2 \cdot g}$$

$$= \frac{2t \cdot g \cdot v_{Schall} + 2v_{Schall}^2 \pm \sqrt{4 \cdot g^2 \cdot t^2 \cdot v_{Schall}^2 + 8t \cdot g \cdot v_{Schall}^3 + 4 \cdot v_{Schall}^4 - 4 \cdot g^2 \cdot t^2 \cdot v_{Schall}^2}}{2 \cdot g}$$

$$= \frac{2t \cdot g \cdot v_{Schall} + 2v_{Schall}^2 \pm \sqrt{4v_{Schall}^2 \left(2t \cdot g \cdot v_{Schall} + v_{Schall}^2\right)}}{2 \cdot g}$$

$$= \frac{2t \cdot g \cdot v_{Schall} + 2v_{Schall}^2 \pm 2 \cdot v_{Schall}\sqrt{2t \cdot g \cdot v_{Schall} + v_{Schall}^2}}{2 \cdot g}$$

$$= \frac{t \cdot g \cdot v_{Schall} + v_{Schall}^2 \pm v_{Schall}\sqrt{2t \cdot g \cdot v_{Schall} + v_{Schall}^2}}{g}$$

$$= \frac{v_{Schall}}{g} \cdot \left(t \cdot g + v_{Schall} \pm \sqrt{2t \cdot g \cdot v_{Schall} + v_{Schall}^2}\right)$$

$$= \frac{343 \frac{m}{s}}{9{,}81 \frac{m}{s^2}} \cdot \left(1{,}3\,s \cdot 9{,}81 \frac{m}{s^2} + 343 \frac{m}{s} \pm \sqrt{2 \cdot 1{,}3\,s \cdot 9{,}81 \frac{m}{s^2} \cdot 343 \frac{m}{s} + \left(343 \frac{m}{s}\right)^2}\right) \approx 8{,}15\,m$$

Hier macht nur die Lösung mit dem Minuszeichen vor der Wurzel physikalisch einen Sinn.

Aufgabe 153

Das Diagramm a) passt zu der beschriebenen Bewegung. Der Ball wird mit einer positiven Anfangsgeschwindigkeit nach oben abgeworfen. Diese Geschwindigkeit reduziert sich immer weiter, bis sie im Scheitel schließlich 0 ist. Anschließend fällt der Ball wieder nach unten und trifft mit der betragsmäßig gleichen, jedoch negativen Geschwindigkeit wieder auf den Boden.

Die Bewegung zu Diagramm b) beginnt mit einer gleichmäßig beschleunigten Bewegung, nach der Hälfte der Zeit wird der Körper gleichmäßig abgebremst. Der Körper kommt nicht mehr zum Ausgangspunkt zurück.

Der Körper zu Diagramm c) wird zunächst gleichmäßig abgebremst, bis er zum Stillstand kommt. Anschließend wird er wieder gleichmäßig beschleunigt. Der Körper kommt nicht mehr zum Ausgangspunkt zurück.

Aufgabe 154

Aufstellen des Strecke-Zeit-Gesetzes:

$$s(t) = v_0 \cdot t + \frac{1}{2} a \cdot t^2 \quad \Rightarrow \quad \frac{1}{2} a \cdot t^2 + v_0 \cdot t - s(t) = 0$$

Zum Zeitpunkt t_1 des Auftreffens hat der Stein eine Strecke von $s_1 = 20\,\text{m}$ zurückgelegt, die Beschleunigung a entspricht dem Ortsfaktor g:

$$\frac{1}{2} g \cdot t_1^2 + v_0 \cdot t_1 - s_1 = 0$$

$$t_1 = \frac{-v_0 \pm \sqrt{v_0^2 - 4 \cdot \frac{1}{2} g \cdot (-s_1)}}{2 \cdot \frac{1}{2} g} = \frac{-v_0 \pm \sqrt{v_0^2 + 2 g \cdot s_1}}{g}$$

Bei der Berechnung der Zeit macht nur die positive Wurzel physikalisch einen Sinn:

$$t_1 = \frac{-v_0 + \sqrt{v_0^2 + 2 g \cdot s_1}}{g} = \frac{-4 \frac{m}{s} + \sqrt{\left(4 \frac{m}{s}\right)^2 + 2 \cdot 9{,}81 \frac{m}{s^2} \cdot 20\,\text{m}}}{9{,}81 \frac{m}{s^2}} \approx 1{,}65\,\text{s}$$

Geschwindigkeit: $v = g \cdot t_1 + v_0 = 9{,}81 \frac{m}{s^2} \cdot 1{,}65\,\text{s} + 4 \frac{m}{s} \approx 20{,}21 \frac{m}{s}$

Der Stein benötigt 1,65 s bis zum Auftreffen und hat dann eine Geschwindigkeit von ca. $20 \frac{m}{s}$.

Aufgabe 155

$$s_x = v_0 \cdot t \quad \Rightarrow \quad t = \frac{s_x}{v_0}$$

$$s_y = \frac{1}{2} g \cdot t^2 = \frac{1}{2} g \cdot \left(\frac{s_x}{v_0}\right)^2 \quad \Rightarrow \quad v_0 = \sqrt{\frac{g \cdot s_x^2}{2 s_y}} = s_x \sqrt{\frac{g}{2 s_y}} = 2{,}3\,\text{m} \sqrt{\frac{9{,}81 \frac{m}{s^2}}{2 \cdot 2\,\text{m}}} \approx 3{,}60 \frac{m}{s}$$

Für diese Weite ist eine Geschwindigkeit von $3{,}60 \frac{m}{s}$ notwendig.

Aufgabe 156

a) Die Bewegung setzt sich aus einer horizontalen gleichförmigen und einer vertikalen gleichmäßig beschleunigten Bewegung (freier Fall) zusammen. Die beiden Bewegungen überlagern sich, ohne sich gegenseitig zu beeinflussen (Superpositionsprinzip).

b) $s_x = v_0 \cdot t; \quad s_y = \frac{1}{2} g \cdot t^2; \quad v_y = g \cdot t$

$$s_y = \frac{1}{2} g \cdot t^2 \quad \Rightarrow \quad t = \sqrt{\frac{2 s_y}{g}} = \sqrt{\frac{2 \cdot 50\,\text{m}}{9{,}81 \frac{m}{s^2}}} \approx 3{,}19\,\text{s}$$

$$s_x = v_0 \cdot t = 15 \frac{m}{s} \cdot 3{,}19\,\text{s} \approx 47{,}89\,\text{m}$$

$$v = \sqrt{v_x^2 + v_y^2} = \sqrt{v_0^2 + (g \cdot t)^2} = \sqrt{\left(15 \frac{m}{s}\right)^2 + \left(9{,}81 \frac{m}{s^2} \cdot 3{,}19\,\text{s}\right)^2} \approx 34{,}73 \frac{m}{s}$$

Der Körper trifft in einer Entfernung von 47,89 m mit einer Geschwindigkeit von $34{,}73 \frac{m}{s}$ auf.

Aufgabe 157

a) $v = a \cdot t \;\Rightarrow\; a = \frac{v}{t}$

$$F = m \cdot a = m \cdot \frac{v}{t} = 0{,}44\,\text{kg} \cdot \frac{140 : 3{,}6\,\frac{m}{s}}{0{,}02\,s} \approx 855{,}56\,\text{N}$$

Auf den Ball wirkt eine Kraft von 855,56 N.

b) $s = \frac{1}{2} a \cdot t^2; \quad v = a \cdot t \;\Rightarrow\; s = \frac{1}{2} a \cdot \left(\frac{v}{a}\right)^2 = \frac{v^2}{2a} \;\Rightarrow\; a = \frac{v^2}{2s}$

$$F = m \cdot a = m \cdot \frac{v^2}{2s} = 0{,}44\,\text{kg} \cdot \frac{\left(140 : 3{,}6\,\frac{m}{s}\right)^2}{2 \cdot 0{,}6\,m} \approx 554{,}53\,\text{N}$$

Der Torwart muss eine Kraft von 554,53 N aufbringen.

Aufgabe 158

a)

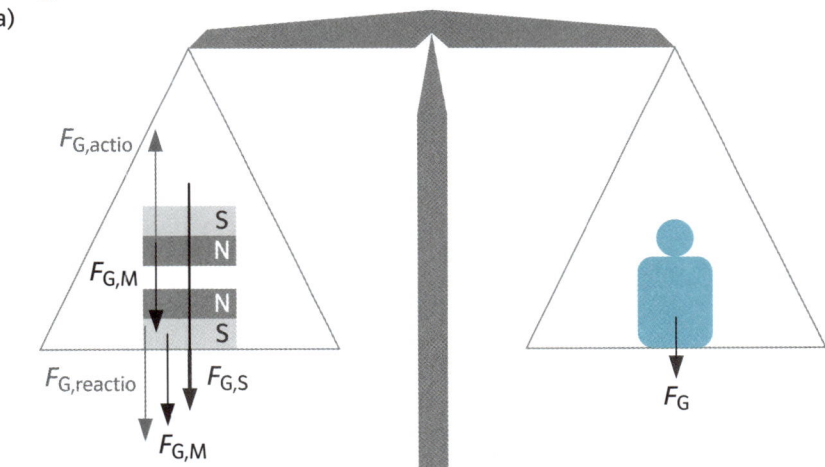

b) Insgesamt wirken die Gewichtskraft $F_{G,M}$ des unteren Magneten, die Gewichtskraft des Holzstabes $F_{G,S}$ und die Reactiokraft $F_{reactio}$ des oberen Magneten auf die Waage. Um diese Kraft auszugleichen ist eine ebenso große Kraft auf der anderen Seite erforderlich. Dazu ist eine Masse von 400 g notwendig.

c) Hebt man den oberen Magneten an, so sinkt die Abstoßungskraft zwischen den Magneten. Damit sinkt die Actiokraft F_{actio} und als Folge auch die Reactiokraft $F_{reactio}$. Die Masse von 400 g auf der rechten Seite hat also eine größere Gewichtskraft als die Summe der Kräfte auf der linken Seite. Deshalb neigt sich die Waage nach rechts.

Aufgabe 159

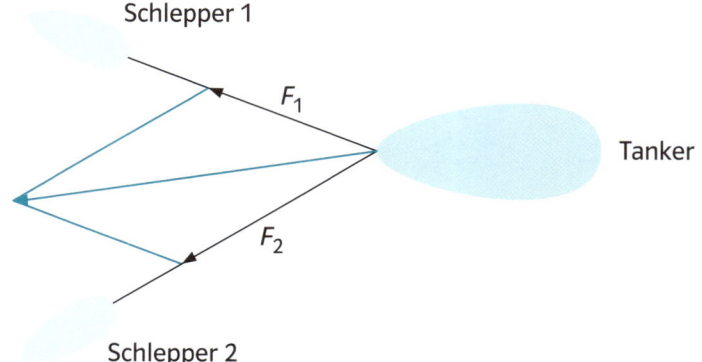

Durch die Länge des Kraftpfeils für F_1, welche 12 kN entspricht, ist ein Maßstab vorgegeben.

Wenn man denselben Maßstab für den zweiten Schlepper verwendet, so erkennt man, dass dieser mit einer Kraft von 15 kN zieht.

Zur Lösung erstellt man das Kräfteparallelogramm und liest an der Diagonalen eine Kraft von 25 kN ab.

Aufgabe 160

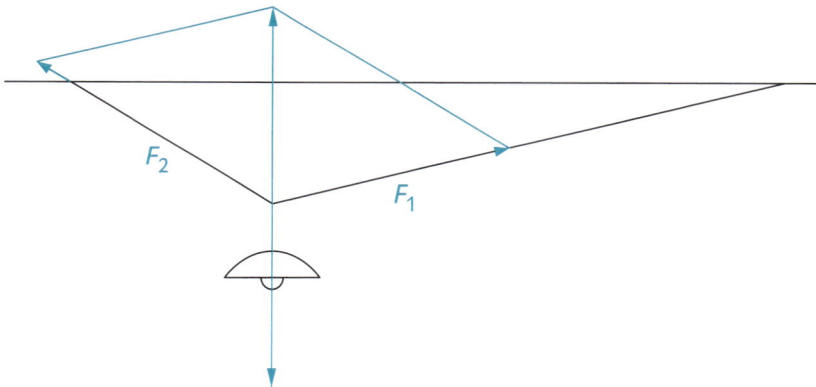

Gewichtskraft der Lampe: $F = m \cdot g = 4\,\text{kg} \cdot 9{,}81\,\frac{\text{m}}{\text{s}^2} \approx 39{,}25\,\text{N}$

Diese Kraft wirkt nach unten (geeigneten Maßstab wählen). Damit die Lampe hängt, muss eine ebenso große, entgegengesetzt gerichtete Kraft wirken. Diese Kraft muss durch die Seile aufgebracht werden, man zerlegt die Kraft also in zwei Kräfte entlang der Seile. Anhand des zuvor festgelegten Maßstabs kann man die Kräfte ablesen:

$F_1 \approx 48{,}5\,\text{N};$ $F_2 \approx 55\,\text{N}$

Aufgabe 161

Beschleunigende Kraft:

$$F = m \cdot a = 25\,\text{kg} \cdot 0{,}8\,\tfrac{m}{s^2} \approx 20\,\text{N}$$

Durch die Länge des Kraftpfeils für F_1, welche 30 N entspricht, ist ein Maßstab vorgegeben.
Die beschleunigende Kraft wird im selben Maßstab wie die Kraft F_1 eingezeichnet.
Anschließend wird die Kraft F_2 durch Kräftezerlegung ermittelt und man erhält durch Ablesen: $F_2 \approx 39\,\text{N}$.

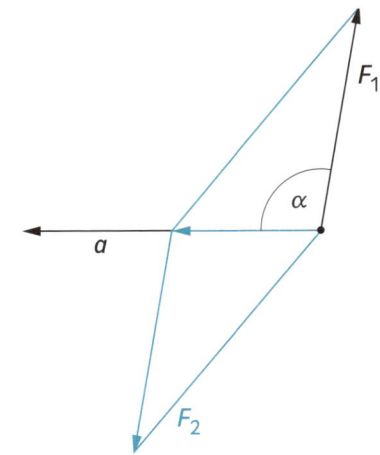

Aufgabe 162

a) **Erstes Newtonsches Gesetz: Trägheitsprinzip**
   „Jeder Körper beharrt in seinem Zustand der Ruhe oder der gleichförmigen Bewegung, wenn er nicht durch einwirkende Kräfte gezwungen wird, seinen Zustand zu ändern."
   Zweites Newtonsches Gesetz: Kraftgesetz
   „Die Änderung der Bewegung ist der Einwirkung der bewegenden Kraft proportional und geschieht nach der Richtung derjenigen geraden Linie, nach welcher jene Kraft wirkt": $F = m \cdot a$
   Drittes Newtonsches Gesetz: Wechselwirkungsprinzip
   „Die Wirkung ist stets der Gegenwirkung entgegengesetzt gleich, oder die Wirkungen zweier Körper aufeinander sind stets gleich und von entgegengesetzter Richtung": actio = reactio.

b) $F = \tfrac{\Delta p}{\Delta t};\quad p = m \cdot v \quad \Rightarrow \quad F = \tfrac{\Delta m \cdot v + m \cdot \Delta v}{\Delta t} = \tfrac{\Delta m \cdot v}{\Delta t} + \tfrac{m \cdot \Delta v}{\Delta t}$

   Ist die Massenänderung Δm während des Vorgangs 0, so entfällt der erste Summand und es gilt:

   $$F = \tfrac{m \cdot \Delta v}{\Delta t} = m \cdot \tfrac{\Delta v}{\Delta t} = m \cdot a$$

   Das Gesetz gilt also nur unter der Bedingung, dass sich die Masse nicht ändert.

Aufgabe 163

Der Trägheitssatz besagt, dass ein Körper seinen Bewegungszustand nicht ändert, solange keine Kraft auf ihn wirkt. Da der Mensch nicht fest mit dem Bus verbunden ist, wirkt auf ihn zunächst (fast) keine Kraft.

Beim Anfahren bleibt der Passagier in Ruhe und der Bus bewegt sich unter ihm weg, beim Abbremsen behält der Passagier seinen Zustand der gleichförmigen Bewegung bei, der Bus unter ihm bremst.

Aufgabe 164

Im gekochten Ei sind alle Teilchen fest miteinander verbunden und drehen sich deshalb mit. Nur durch Reibung mit der Tischplatte und Luftwiderstand kommt es langsam wieder zur Ruhe.

Zusätzlich zur Reibung mit der Tischplatte und Luftwiderstand wirken beim rohen Ei weitere Kräfte. Im rohen Ei sind die Teilchen nicht fest miteinander verbunden. Die äußeren Teilchen, die mit der Schale verbunden sind, vollziehen die Rotation mit, die inneren Teilchen dagegen nicht. Deshalb kommt es im Innern des Eies zu Reibungskräften zwischen den äußeren und inneren Bereichen. Durch diese zusätzliche Reibung wird Wärme erzeugt und dem Ei Rotationsenergie entzogen. Deshalb kommt es viel schneller wieder zur Ruhe.

Aufgabe 165

Da der Inhalt des Sacks in Ruhe ist, wird er aufgrund der Massenträgheit in Ruhe bleiben, solange keine Kraft auf ihn wirkt. Wird der Sack schnell hochgehoben, so wird er aufgrund einer großen Kraft beschleunigt. Da der Inhalt nicht fest mit dem Sack verbunden ist, wirkt dessen Gewichtskraft der beschleunigenden Kraft entgegen und der Sack zerreißt.

Wird der Sack dagegen langsam angehoben, so ist die beschleunigende Kraft klein. Die Gegenkraft ist zwar nach wie vor vorhanden, jedoch ist aufgrund der langsamen Bewegung der Kraftunterschied zwischen Gewichtskraft und beschleunigender Kraft nicht mehr so groß, sodass der Sack nicht reißt.

Aufgabe 166

Aufgrund des Wechselwirkungsgesetzes wirkt in beiden Fällen dieselbe Kraft auf beide Fahrer, nur in entgegengesetzter Richtung.

a) Haben die Fahrer dieselbe Masse, so werden sie beide mit derselben, konstanten Beschleunigung $a = \frac{F}{m}$ beschleunigt. Deshalb treffen sie sich genau in der Mitte, beide Fahrer legen eine Strecke von 1,5 m zurück.

b) Beschleunigung des linken Fahrers: $a_1 = \frac{F}{m_1} = \frac{50\,\text{N}}{50\,\text{kg}} = 1\,\frac{\text{m}}{\text{s}^2}$

Beschleunigung des rechten Fahrers: $a_2 = \frac{F}{m_2} = \frac{50\,\text{N}}{40\,\text{kg}} = 1,25\,\frac{\text{m}}{\text{s}^2}$

Die gesamte Strecke setzt sich aus der zurückgelegten Strecke von Fahrer 1 und Fahrer 2 zusammen:

$$s = s_1 + s_2 = \frac{1}{2}a_1 \cdot t^2 + \frac{1}{2}a_2 \cdot t^2 = \frac{1}{2}(a_1 + a_2) \cdot t^2 \quad \Rightarrow$$

$$t = \sqrt{\frac{2s}{a_1 + a_2}} = \sqrt{\frac{2 \cdot 3\,\text{m}}{1\,\frac{\text{m}}{\text{s}^2} + 1,25\,\frac{\text{m}}{\text{s}^2}}} \approx 1,63\,\text{s}$$

$$s_1 = \frac{1}{2}a_1 \cdot t^2 = \frac{1}{2} \cdot 1\,\frac{\text{m}}{\text{s}^2} \cdot (1,63\,\text{s})^2 \approx 1,33\,\text{m}$$

$$s_2 = s - s_1 = 3\,\text{m} - 1,33\,\text{m} \approx 1,67\,\text{m}$$

Der linke Fahrer legt eine Strecke von 1,33 m, der rechte Fahrer eine Strecke von 1,67 m zurück.

Aufgabe 167

Fehler 1: Der Baron kann nicht in der Luft schwebend anhalten, da er sich gleichförmig fortbewegt und auf ihn keine Kraft wirkt. Deshalb kann er seinen Bewegungszustand nicht ändern (Trägheitsprinzip). Für eine Kraftwirkung müsste er Ballast abwerfen oder sich irgendwo festhalten.

Fehler 2: Zieht der Baron an seinem Haarzopf, so wirkt eine Kraft nach oben. Nach dem Wechselwirkungsprinzip wirkt eine ebenso große Kraft von den Haaren auf die Hand, diese Kraft ist der ursprünglichen Kraft entgegen gerichtet. Beide Kräfte greifen jedoch am selben Körper an, somit liegt ein Kräftegleichgewicht vor und die resultierende Kraft ist Null.

Genau genommen, greifen die Kräfte auch hier an verschiedenen Körpern (Haare, Hand) an. Durch die inneren Kräfte der Materie sind diese Kräfte jedoch miteinander verbunden. Erst wenn man den gesamten Körper des Barons betrachtet, kommt es zu einem Kräftegleichgewicht.

Aufgabe 168

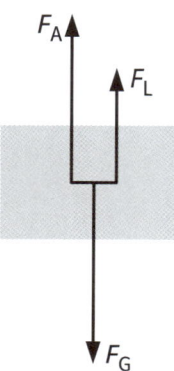

$F_{res} = F_G - F_A - F_L$

Die resultierende und damit auch die beschleunigende Kraft setzt sich aus der Gewichtskraft F_G, der Auftriebskraft F_A und der Luftwiderstandskraft F_L zusammen. Die Luftwiderstandskraft ist von der Geschwindigkeit abhängig, d.h. sie wird immer größer. Allerdings wird auch diese Kraft nicht beliebig groß, sondern nähert sich einem Wert an. Dieser Wert ist erreicht, wenn die Summe aus Auftriebskraft F_A und Luftwiderstandskraft F_L gleich groß ist wie die Gewichtskraft F_G.
In diesem Fall ist die resultierende Kraft (und damit auch die beschleunigende Kraft) Null und der Körper fällt mit konstanter Geschwindigkeit.
Anmerkung: Ist die Auftriebskraft größer als die Gewichtskraft, so steigt der Körper. In diesem Fall ist die Luftwiderstandskraft nach unten gerichtet.

Aufgabe 169

Phase 1 (bis ca. 51 s): Der Fallschirm ist noch geschlossen. Zu Beginn ist ein fast linearer Anstieg im Diagramm zu erkennen. Die Luftreibungskraft ist noch gering im Vergleich zur Gewichtskraft, der Körper fällt beschleunigt. Dieser annähernd lineare Anstieg flacht immer weiter ab. Ab ca. 18 s ist die Fallgeschwindigkeit konstant, Luftwiderstandskraft und Gewichtskraft sind gleich groß.
Phase 2 (bis ca. 120 s): Nach ca. 51 s öffnet sich der Fallschirm. Die Geschwindigkeit nimmt ab, bis wieder ein konstanter Wert erreicht ist. Die Geschwindigkeit beim Bremsvorgang ist zunächst annähernd linear, bis auch hier ein Abknicken erfolgt. Der Grund ist wieder der sich ändernde Luftwiderstand. Ab ca. 67 s sind die Gewichtskraft und die Luftwiderstandskraft des geöffneten Schirms gleich groß, die Person fällt mit konstanter Geschwindigkeit.
Phase 3 (ca. 120 s): Die Geschwindigkeit sinkt abrupt auf Null, die Person landet.

Aufgabe 170

Die maximale Geschwindigkeit ist erreicht, wenn sich Gewichtskraft und Luftwiderstandskraft gerade ausgleichen:

$$F_G = F_L \implies m \cdot g = \frac{1}{2} c_w \cdot \rho \cdot A \cdot v^2 \implies v = \sqrt{\frac{2 m \cdot g}{c_w \cdot \rho \cdot A}}$$

Geschlossener Fallschirm: $\quad v = \sqrt{\dfrac{2 m \cdot g}{c_w \cdot \rho \cdot A}} = \sqrt{\dfrac{2 \cdot 80\,kg \cdot 9{,}81\,\frac{m}{s^2}}{1{,}1 \cdot 1{,}23\,\frac{kg}{m^3} \cdot 0{,}7\,m^2}} \approx 40{,}71\,\frac{m}{s}$

Geöffneter Fallschirm: $\quad v = \sqrt{\dfrac{2 m \cdot g}{c_w \cdot \rho \cdot A}} = \sqrt{\dfrac{2 \cdot 80\,kg \cdot 9{,}81\,\frac{m}{s^2}}{1{,}1 \cdot 1{,}23\,\frac{kg}{m^3} \cdot 50\,m^2}} \approx 4{,}82\,\frac{m}{s}$

Die maximale Geschwindigkeit mit geschlossenem Fallschirm beträgt etwa $40\,\frac{m}{s}$, bei geöffnetem Fallschirm beträgt sie etwa $5\,\frac{m}{s}$.

Aufgabe 171

Für den Betrag der Bahngeschwindigkeit gilt: $v = \omega \cdot r$;

mit $\omega = \frac{2 \cdot \pi}{T} = 2 \cdot \pi \cdot f \;\Rightarrow\; v = 2 \cdot \pi \cdot f \cdot r$

Für die Frequenz ergibt sich: $f = \frac{n}{t} = \frac{7200}{60\,\text{s}} = 120\,\text{Hz}$.

Somit erhält man für die Bahngeschwindigkeit:

$v = 2 \cdot \pi \cdot 120\,\text{Hz} \cdot 0{,}045\,\text{m} \approx 33{,}93\,\frac{\text{m}}{\text{s}} \approx 122{,}15\,\frac{\text{km}}{\text{h}}$.

Aufgabe 172

Die Kraft, die von der Biene aufzubringen wäre, entspricht dem Betrag der Zentripetalkraft der beschriebenen Kreisbewegung.

$F_Z = \frac{m \cdot v^2}{r}$

Für den Betrag der Bahngeschwindigkeit gilt: $v = \omega \cdot r$;

mit $\omega = \frac{2 \cdot \pi}{T} = 2 \cdot \pi \cdot f$ und $f = \frac{n}{t}$ folgt

$v = \frac{2 \cdot \pi \cdot n}{t} \cdot r = \frac{2 \cdot \pi \cdot 26}{60\,\text{s}} \cdot 45\,\text{m} = 122{,}52\,\frac{\text{m}}{\text{s}}$

Für die Kraft F_Z erhält man damit:

$F_Z = \frac{m \cdot v^2}{r} = \dfrac{250 \cdot 10^{-6}\,\text{kg} \cdot \left(122{,}52\,\frac{\text{m}}{\text{s}}\right)^2}{45\,\text{m}} \approx 0{,}083\,\text{N}$

Dies entspricht der Gewichtskraft eines Körpers der Masse $m = 8{,}5\,\text{g}$, also etwa dem 34-fachen des Körpergewichts der Biene.

Aufgabe 173

Die Werferin muss eine Zentripetalkraft aufbringen, damit der Hammer beim kreisförmigen Schwungholen die angegebene Bahngeschwindigkeit erreichen kann.

$F_Z = \frac{m \cdot v^2}{r}$

Der Kreisradius r setzt sich zusammen aus der Hammerlänge und der Armlänge ($r = 1{,}195\,\text{m} + 0{,}7\,\text{m} = 1{,}895\,\text{m}$).

$F_Z = \frac{m \cdot v^2}{r} = \dfrac{4\,\text{kg} \cdot \left(29\,\frac{\text{m}}{\text{s}}\right)^2}{1{,}895\,\text{m}} \approx 1775{,}2\,\text{N}$

Vergleicht man diese Kraft mit der Gewichtskraft eines 70 kg schweren Schülers, so entspricht sie etwa dem 2,6-fachen seiner Gewichtskraft.

Aufgabe 174

a) Die Bahngeschwindigkeit v ist eine vektorielle Größe. Ihre Richtung zeigt stets tangential zur Kreisbahn. Hält man also ein Werkstück an einen Punkt der rotierenden Schleifscheibe, so fliegen die Funken und Späne in Richtung der Tangente in diesem Punkt.

b) Für den Betrag der Bahngeschwindigkeit gilt: $v = \omega \cdot r$;

mit $\omega = \dfrac{2 \cdot \pi}{T} = 2 \cdot \pi \cdot f$ folgt

$v = 2 \cdot \pi \cdot f \cdot r = 2 \cdot \pi \cdot 2500\,\text{Hz} \cdot 0{,}075\,\text{m} \approx 1178{,}1\,\dfrac{\text{m}}{\text{s}}$

Aufgabe 175

Die Schnur würde reißen, wenn die für die Kreisbewegung erforderliche Zentripetalkraft F_Z die maximale Zugkraft der Schnur überschreitet.
Es gilt daher: $F_Z < 15\,\text{N}$.

Für F_Z gilt: $F_Z = \dfrac{m \cdot v^2}{r}$ mit $v = 2 \cdot \pi \cdot f \cdot r$

$F_Z = \dfrac{m \cdot (2 \cdot \pi \cdot f \cdot r)^2}{r} = 4 \cdot \pi^2 \cdot f^2 \cdot r \cdot m \quad \Rightarrow$

$f < \sqrt{\dfrac{F_Z}{4 \cdot \pi^2 \cdot r \cdot m}} = \sqrt{\dfrac{15\,\text{N}}{4 \cdot \pi^2 \cdot 1\,\text{m} \cdot 1\,\text{kg}}} \approx 0{,}62\,\text{Hz}$

Dies entspricht etwa 37 Umdrehungen pro Minute.

Aufgabe 176

a) Für die Bahngeschwindigkeit gilt: $v = \omega \cdot r$;

$\omega = \dfrac{2 \cdot \pi}{T} = 2 \cdot \pi \cdot f$ und $r = \dfrac{d}{2} \quad \Rightarrow$

$v = \pi \cdot d \cdot f = \pi \cdot 0{,}6\,\text{m} \cdot 40\,\text{Hz} \approx 75{,}4\,\dfrac{\text{m}}{\text{s}}$

Die Trommelwand bewegt sich mit ca. 271 km/h.

b) Das Gewebe müsste die Zentripetalkraft F_Z aufbringen.

$F_Z = \dfrac{m \cdot v^2}{r} = \dfrac{2 \cdot m \cdot v^2}{d} = \dfrac{2 \cdot 0{,}001\,\text{kg} \cdot \left(75{,}4\,\frac{\text{m}}{\text{s}}\right)^2}{0{,}6\,\text{m}} = 18{,}95\,\text{N}$

Aufgabe 177

Damit im höchsten Punkt des Kreises kein Wasser aus dem Eimer zu Boden fällt, muss die für die Kreisbewegung aufzubringende Zentripetalkraft F_Z mindestens der Gewichtskraft F_G des Wassers entsprechen ($F_Z \geqq F_G$).

$\frac{m \cdot v^2}{r} \geqq m \cdot g$ und somit $\frac{v^2}{r} \geqq g$

Für die Bahngeschwindigkeit v gilt: $v = \omega \cdot r = \frac{2 \cdot \pi}{T} \cdot r = 2 \cdot \pi \cdot f \cdot r$

$\frac{4 \cdot \pi^2 \cdot f^2 \cdot r^2}{r} \geqq g$ $\Rightarrow$ $f \geqq \sqrt{\frac{g}{4 \cdot \pi^2 \cdot r}} = \sqrt{\frac{9,81\frac{m}{s^2}}{4 \cdot \pi^2 \cdot 2\,m}} \approx 0,352\,Hz$

Die Lösung zeigt darüber hinaus, dass die Frequenz f unabhängig von der Masse m des Wassers ist.

Aufgabe 178

a) Da alle Körper identische Masse und Form sowie identisches Material haben, haften sie ebenfalls gleich stark auf der Kreisscheibe ($F_H = f_H \cdot F_N$).
   Der Körper fällt herunter, wenn die für seine Kreisbahn erforderliche Zentripetalkraft F_Z von der Haftreibungskraft F_H nicht aufgebracht werden kann, mit anderen Worten, wenn $F_Z > F_H$ ist.

   $F_Z = \frac{m \cdot v^2}{r}$ mit $v = \omega \cdot r$ $\Rightarrow$ $F_Z = \frac{m \cdot \omega^2 \cdot r^2}{r} = m \cdot \omega^2 \cdot r$

   Masse m und Winkelgeschwindigkeit ω sind für alle Zylinder identisch.
   Die einzige Größe, die somit einen Einfluss auf die Reihenfolge des Herunterfallens hat, ist der Abstand r des Körpers vom Kreismittelpunkt.

b) Nach den eben angestellten Überlegungen bleibt der Körper mit dem geringsten Abstand zum Kreismittelpunkt, also Körper Nr. 3 am längsten auf der Scheibe.

Aufgabe 179

Dreht sich das Rad genau einmal, legt das Fahrrad eine Strecke zurück, die dem Umfang U des Rads entspricht.

$U = 2 \cdot \pi \cdot r = \pi \cdot d = \pi \cdot 0,71\,m \approx 2,234\,m$

Bei einer Geschwindigkeit von $v = 25,2\,\frac{km}{h} = 7\,\frac{m}{s}$ werden in einer Minute also

$s = 60\,s \cdot 7\,\frac{m}{s} = 420\,m$ zurückgelegt.

Das Rad muss sich folglich $n = \frac{420\,m}{2,234\,m} = 188\text{-mal}$ pro Minute drehen.

Aufgabe 180

Eine höhere Drehfrequenz hat zur Folge, dass die Gondeln des Karussells weiter nach außen gelenkt werden. Damit wird der Winkel φ größer, was wiederum auch einen Anstieg der Zentripetalkraft F_Z zur Folge hat. Da die Gewichtskraft G (völlig unabhängig von der Drehbewegung) stets konstant ist, muss sich auch die Zugkraft in der Kette erhöhen.

Für die Person auf dem Sitz bedeutet das, dass einerseits die Ketten des Karussells immer straffer gespannt sind und andererseits aus dem bewegten Bezugssystem heraus (Gondel) die der Zentripetalkraft entgegen gerichtete Zentrifugalkraft („Fliehkraft") nach außen immer mehr zunimmt.

Aufgabe 181

Ein geostationärer Satellit umkreist die Erde genau in der Zeit, in der sie sich einmal um ihre eigene Achse dreht. Er führt dabei also ebenfalls eine Kreisbewegung um den Erdmittelpunkt aus. Aus diesem Grund scheint der Satellit fest über einem Punkt auf dem Äquator still zu stehen.

Die für die Kreisbewegung verantwortliche Zentripetalkraft F_Z ist in diesem Fall die Gravitationskraft der Erde auf den Satelliten.

$F_Z = F_G$

Für die Gravitationskraft gilt: $F_G = \gamma \cdot \dfrac{m_S \cdot M_E}{r^2}$; für die Zentripetalkraft: $F_Z = \dfrac{m_S \cdot v^2}{r}$.

Dabei sind γ die Gravitationskonstante $\left(\gamma = 6{,}672 \cdot 10^{-11}\,\dfrac{m^3}{kg \cdot s^2}\right)$, m_S die Masse des Satelliten und M_E die Masse der Erde.

$\gamma \cdot \dfrac{m_S \cdot M_E}{r^2} = \dfrac{m_S \cdot v^2}{r}$ oder vereinfacht: $\gamma \cdot \dfrac{M_E}{r} = v^2$

Die Masse des Satelliten spielt also für die weitere Betrachtung keine Rolle, d.h. alle Satelliten (unterschiedlicher Masse) befinden sich auf der gleichen geostationären Bahn um die Erde.

Die Bahngeschwindigkeit v ist das Produkt aus Winkelgeschwindigkeit ω und Bahnradius r.

$\gamma \cdot \dfrac{M_E}{r} = \omega^2 \cdot r^2$ oder aufgelöst nach dem Radius r: $r^3 = \gamma \cdot \dfrac{M_E}{\omega^2}$.
Ersetzt man schließlich noch $\omega = \dfrac{2 \cdot \pi}{T}$ erhält man:

$r = \sqrt[3]{\gamma \cdot \dfrac{M_E \cdot T^2}{4 \cdot \pi^2}} = \sqrt[3]{6{,}672 \cdot 10^{-11}\,\dfrac{m^3}{kg \cdot s^2} \cdot \dfrac{5{,}97 \cdot 10^{24}\,kg \cdot (86\,400\,s)^2}{4 \cdot \pi^2}} \approx 4{,}22 \cdot 10^7\,m = 42\,000\,km$

Zieht man von dieser Strecke noch den Erdradius $r_E = 6378\,km$ ab, so erhält man für die geostationären Bahnen einen Abstand zur Erdoberfläche von etwa 35 800 km.

Aufgabe 182

Bei der Lösung dieser Aufgabe werden sämtliche Reibungsphänomene (Rollreibung der Räder, Luftwiderstand, …) vernachlässigt.

Wie im Aufgabentext angedeutet, spielt hier die Energieerhaltung eine wesentliche Rolle. Die Lageenergie im Startpunkt muss so groß sein, dass der Wagen einerseits den höchsten Punkt des Loopings erreicht und darüber hinaus dort noch eine so große Geschwindigkeit hat, dass die daraus resultierende Zentripetalkraft mit der Gewichtskraft übereinstimmt. Wäre die Zentripetalkraft geringer, würde der Wagen zwar den höchsten Punkt des Loopings erreichen, von dort aber zu Boden stürzen.

Lageenergie beim Start (Gesamtenergie): $W_{ges} = m \cdot g \cdot h$

Der Energieerhaltungssatz besagt, dass diese Energie während der gesamten Fahrt konstant bleibt. Im höchsten Punkt des Loopings liegt sie als Summe aus Lageenergie und Bewegungsenergie vor. In diesem Punkt gilt:

$$W_{ges} = \frac{1}{2} \cdot m \cdot v^2 + m \cdot g \cdot 2 \cdot r$$

Zusammen folgt: $\quad m \cdot g \cdot h = \frac{1}{2} \cdot m \cdot v^2 + m \cdot g \cdot 2 \cdot r \quad \Rightarrow \quad g \cdot h = \frac{1}{2} \cdot v^2 + g \cdot 2 \cdot r$

Die Masse des Wagens spielt also für unsere Überlegungen keine Rolle.

Für die Geschwindigkeit v gilt nach obigen Überlegungen:

$$F_Z = F_G \quad \Rightarrow \quad \frac{m \cdot v^2}{r} = m \cdot g \quad \text{bzw.} \quad v^2 = g \cdot r$$

Durch Einsetzen in die Gleichung aus dem Energieerhaltungssatz ergibt sich:

$$g \cdot h = \frac{1}{2} \cdot g \cdot r + g \cdot 2 \cdot r = \frac{5}{2} \cdot g \cdot r \quad \text{bzw.} \quad h = \frac{5}{2} r$$

Die Mindeststarthöhe beträgt also das 2,5-fache des Loopingradius.

Aufgabe 183

Ziel der Springer ist es, in der relativ kurzen Flugzeit (vom Absprung bis zur Eintauchphase) möglichst viele Schrauben bzw. Salti zu absolvieren. Aufgrund der Drehimpulserhaltung nimmt die Drehgeschwindigkeit zu, je näher sich die Masse an der Drehachse befindet.

Bei einer Schraube ist die Drehachse gleich der Körperlängsachse, weshalb eine möglichst gestreckte Haltung (Abb. 1) ideal ist.

Ein Salto ist eine Drehbewegung zu einer Horizontalachse durch den Körperschwerpunkt. Je weiter der Springer also die Beine an die Brust nimmt und auch den Oberkörper einrollt, desto näher bringt er seine gesamte Körpermasse zur Drehachse und erhöht damit seine Rotationsgeschwindigkeit.

Aufgabe 184

Entscheidend für dieses Verhalten ist der bei der Rotation der Scheibe auf-
tretende Drehimpuls. Im Gegensatz zur Energie (hier Rotationsenergie) hat der
Drehimpuls eine Richtung. Bei jeder Drehbewegung bleiben der Betrag des
Drehimpulses als auch seine Richtung (Lage der Drehachse) erhalten, solange
keine äußeren Kräfte wie z. B. Windböen auf die Frisbee-Scheibe einwirken. Je
schneller die Scheibe rotiert, desto stabiler wird die Achse der Drehbewegung,
d. h. desto größer müssten die Kräfte sein, die eine Richtungsänderung der
Rotationsachse bewirken könnten.
Aus diesem Grund gleitet die sich drehende Frisbee-Scheibe langsam zu Boden.

Aufgabe 185

Wir lassen die beiden Dosen einen Abhang hinunter rollen.
Bei der Rotation kommt es nämlich nicht nur auf die Masse der Körper an; viel
entscheidender ist die Verteilung der Masse bezüglich der Drehachse (hier spricht
man vom sogenannten Trägheitsmoment). Die Drehachse ist bei beiden Dosen
die Symmetrieachse. Hat eine Masse einen großen Abstand zur Drehachse, so
wie bei der hohlen Dose, dreht sich der Körper deutlich langsamer als im Fall der
gefüllten Dose, bei der sich einzelne Massenelemente ja auch sehr dicht an der
Drehachse befinden.
Die massive Dose wird also viel schneller das Ende des Abhangs erreichen, wie
die hohle Dose, womit wir ein eindeutiges Unterscheidungsmerkmal gefunden
hätten.

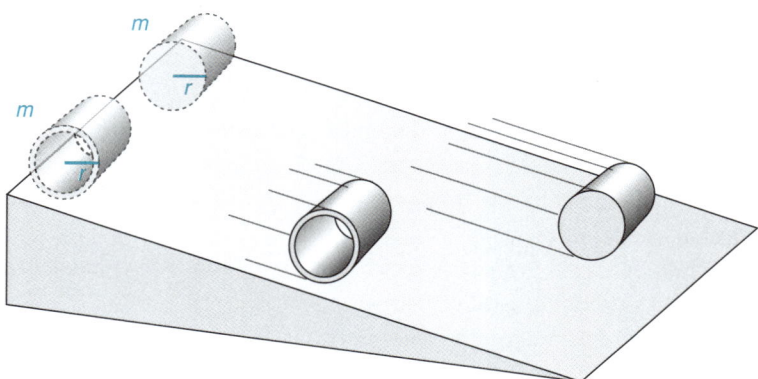

Aufgabe 186

Die Rutherford'schen Streuungsversuche von positiv geladenen α-Teilchen (Heliumkerne) an einer dünnen Goldfolie stehen im direkten Widerspruch zu Thomsons Atomvorstellung. Die Beobachtung, dass α-Teilchen unter beliebigen Winkeln gestreut wurden, spricht gegen eine kontinuierliche Verteilung der positiven Ladung im Atom. Nach Thomsons Atommodell hätten die Teilchen das Atom stets ungehindert durchdringen können, eine Streuung hätte ausbleiben müssen.

Aufgabe 187

1. Die positive Ladung und fast die gesamte Masse des Atoms befinden sich in einem Kern in der Mitte des Atoms.
   Nur so ist es möglich, dass eine Streuung von Heliumkernen und sogar eine Reflexion der Heliumkerne als Ergebnisse des Streuversuchs beobachtet werden können.
2. Der Kerndurchmesser ist etwa 100 000-mal kleiner als der Durchmesser des Atoms.
   Diese Erkenntnis leitete Rutherford u. a. aus der Beobachtung ab, dass die meisten α-Teilchen die Atome der Goldfolie ungehindert durchdrangen.
3. Die negative Ladung des Atoms wird durch die Elektronen in der Atomhülle gebildet.
   Nach außen ist das gesamte Atom elektrisch neutral.

Aufgabe 188

	Name	Elektronenzahl	Protonenzahl	Neutronenzahl
$^{7}_{3}\text{Li}$	Lithium	3	3	4
$^{16}_{8}\text{O}$	Sauerstoff	8	8	8
Pb-206	Blei	82	82	124
Sr-90	Strontium	38	38	52
$^{235}_{92}\text{U}$	Uran	92	92	143
Th-232	Thorium	90	90	142

Aufgabe 189

$3\,d = 3 \cdot 24 \cdot 60 \cdot 60\,s = 259\,200\,s$

Die Wachstumsgeschwindigkeit der Haare beträgt damit:

$v = \frac{1 \cdot 10^{-3}\,m}{259\,200\,s} = 3{,}86 \cdot 10^{-9}\,\frac{m}{s}$

Der Atomdurchmesser beträgt: $0{,}1 \cdot 10^{-9}\,m$

Somit benötigt man $\dfrac{3{,}86 \cdot 10^{-9}\,\frac{m}{s}}{0{,}1 \cdot 10^{-9}\,m} = 38{,}6\,\frac{1}{s}$, also ungefähr 40 „Haaratome" pro Sekunde.

Aufgabe 190

Isotope eines Elements haben die gleiche Anzahl von Protonen und somit auch die gleichen chemischen Eigenschaften. Sie unterscheiden sich jedoch in der Anzahl ihrer Massenzahlen und somit in der Anzahl ihrer Neutronen im Atomkern.

Protonium $\quad {}^{1}_{1}H$

Deuterium $\quad {}^{2}_{1}H$ (schwerer Wasserstoff)

Tritium $\qquad {}^{3}_{1}H$ (überschwerer Wasserstoff)

Aufgabe 191

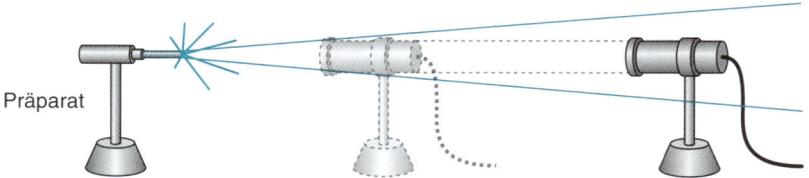

Präparat

Fassen wir das Präparat als punktförmige Quelle auf, wird die radioaktive Strahlung in alle Raumrichtungen abgegeben. Je näher sich das Zählrohr am Präparat befindet, desto größer wird der Anteil der ausgesandten ionisierenden Strahlung, die in die Öffnung des Zählrohrs trifft und somit experimentell erfasst wird.

Aufgabe 192

Ein Radiumpräparat besitzt sowohl α-, als auch β- und γ-Strahlung.

Die α-Strahlung hat eine sehr kurze Reichweite und kann beispielsweise schon mit Papier abgeschirmt werden.

β-Strahlung durchdringt noch dünne Aluminiumschichten, wird mit zunehmender Schichtdicke aber immer weiter abgeschwächt.

γ-Strahlung lässt sich durch Aluminium nicht merklich abschirmen. Für eine Reduktion der Zählrate müsste man Bleiplatten zwischen Radiumpräparat und Zählrohr bringen.

Aufgabe 193

Der erste Teil des Versuchs liefert den Nachweis, dass sich radioaktive Strahlung, ähnlich wie Licht, geradlinig ausbreitet und somit durch die Blendenöffnung zum Zählrohr gelangt. Verschieben wir das Zählrohr nach rechts oder links, sinkt die Zählrate entsprechend.

Im zweiten Versuchsteil muss die radioaktive Strahlung durch das Feld des Magneten in Ausbreitungsrichtung nach links abgelenkt worden sein. Da die magnetischen Feldlinien im Inneren des Hufeisenmagneten von unten nach oben (von Nord nach Süd) verlaufen, muss es sich um eine Strahlung aus negativen Teilchen handeln (β-Strahlung).

Eine mögliche Quelle wäre also z. B. das Strontium Isotop Sr-90.

Aufgabe 194

Für die Anzahl radioaktiver Kerne $A(t)$ nach der Zeit t gilt:

$$A(t) = A_0 \cdot 0{,}5^{\frac{t}{T_{\frac{1}{2}}}}$$

A_0 ist dabei die zur Untersuchung injizierte Dosis, also 100 %.

$$A(t) = 100\,\% \cdot 0{,}5^{\frac{24\,h}{6\,h}} = 6{,}25\,\%$$

Nach 24 Stunden sind noch 6,25 % der gespritzten Tc-99 Substanz im Körper.

Aufgabe 195

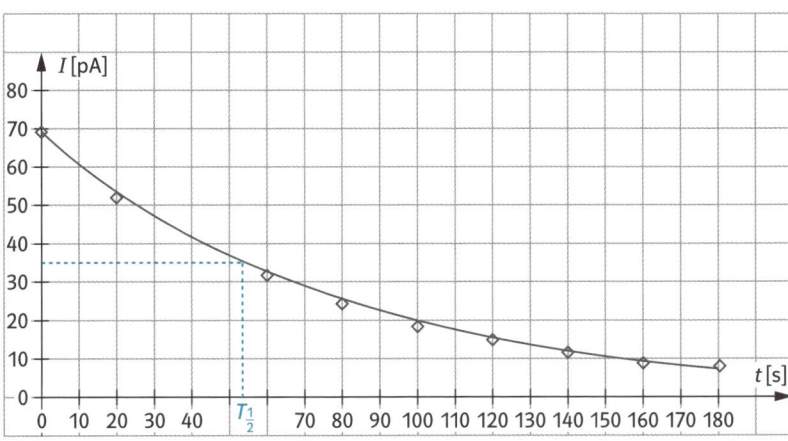

Aus dem Diagramm kann man ablesen, dass die Stromstärke in der Ionisationskammer nach etwa 54 Sekunden auf ihren halben Ausgangswert gesunken ist. Die Halbwertszeit der Probe beträgt daher $T_{\frac{1}{2}} = 54\,s$.

Aufgabe 196

Für die Aktivität $A(t)$ gilt: $A(t) = A_0 \cdot 0{,}5^{\frac{t}{T_{\frac{1}{2}}}}$

Dabei ist A_0 die Aktivität der Vergleichsprobe und $T_{\frac{1}{2}}$ die Halbwertszeit des radioaktiven Isotops.

Gesucht ist somit die Zeit t. Durch Auflösen nach t ergibt sich:

$$t = \frac{\ln \frac{A(t)}{A_0}}{\ln 0{,}5} \cdot T_{\frac{1}{2}}$$

$$t = \frac{\ln \frac{19{,}8\,\text{min}^{-1}}{32{,}2\,\text{min}^{-1}}}{\ln 0{,}5} \cdot 5730\,\text{a} \approx 4020\,\text{a}$$

Die Höhlenmalereien sind also ungefähr 4000 Jahre alt.

Aufgabe 197

$$^{216}_{84}\text{Po} \xrightarrow{\ \alpha\ } {}^{212}_{82}\text{Pb} + {}^{4}_{2}\text{He}$$

$$^{212}_{82}\text{Pb} \xrightarrow{\ \beta\ } {}^{212}_{83}\text{Bi} + {}^{0}_{-1}e$$

$$^{212}_{83}\text{Bi} \xrightarrow{\ \beta\ } {}^{212}_{84}\text{Po} + {}^{0}_{-1}e$$

$$^{212}_{84}\text{Po} \xrightarrow{\ \alpha\ } {}^{208}_{80}\text{Pb} + {}^{4}_{2}\text{He}$$

Aufgabe 198

Beschießt man den Uran-235 Kern mit langsamen Neutronen, kommt es zu einer Kernspaltung. Dabei nimmt der Urankern kurzzeitig ein Neutron auf und spaltete sich dann in zwei etwa gleich große Bruchstücke, sowie einzelne schnelle Neutronen.

$$^{1}_{0}n + {}^{235}_{92}\text{U} \quad {}^{89}_{36}\text{Kr} + {}^{144}_{56}\text{Ba} + 3{}^{1}_{0}n$$

Gelingt es, die Neutronen durch einen sogenannten Moderator, z. B. Wasser, abzubremsen, können diese dann wiederum Urankerne spalten, usw. Es kommt zu einer Kettenreaktion.

Die bei den Spaltungsprozessen freigesetzte Energie liegt weitestgehend als Bewegungsenergie der Spaltprodukte vor. Stoffe, in denen Kernspaltungen ablaufen erwärmen sich daher stark.

Bei einer Kernspaltung ist die Masse aller Spaltprodukte kleiner als die Gesamtmasse aus Neutronen und Ausgangskernen. Es wird also Masse in Energie umgewandelt. Genau dieses Phänomen beschreibt Albert Einstein in seiner berühmten Gleichung $E = m \cdot c^2$.

Bei der Spaltung von 1 kg U-235 wird zwar weniger als 1 g Masse in Energie umgewandelt, die dabei frei werdende Kernenergie beträgt aber dennoch ca. 23 Millionen kWh.

Aufgabe 199

- Ionisieren Strahlung kann Hautveränderungen ähnlich wie bei einem Sonnenbrand hervorrufen.
- Moleküle im Körper und in den Körperzellen können sich durch die aufgenommene Energie verändern oder zerbrechen.
- Chemische und biologische Prozesse werden in den Körperzellen ausgelöst.
- Schädigungen der Erbinformationen und daraus resultierende Mutationen können auftreten.

Als vorübergehende Strahlenkrankheiten können die Schutz- und Abwehrfunktion des Körpers geschwächt sein, die Zahl der weißen Blutkörperchen deutlich abnehmen oder Entzündungen im Bereich der Luft- und Atemwege auftreten.
Langfristig drohen aber auch genetische Schäden wie zum Beispiel das unkontrollierte Wachstum von Körperzellen (Krebs) oder die Veränderung von Erbinformationen, wodurch sich die Folgen radioaktiver Strahlung auch auf die Nachkommen auswirken.

Aufgabe 200

Nimmt ein Mensch mit der Nahrung Cs-137 zu sich, so erhält sein Körper eine Dosis von Radioaktivität.
Zunächst berechnen wir die Aktivität der verzehrten Nahrungsmittel:

$$A = 0{,}25\,kg \cdot 4200\,\frac{Bq}{kg} + 0{,}08\,kg \cdot 12\,500\,\frac{Bq}{kg} + 0{,}015\,kg \cdot 6450\,\frac{Bq}{kg} = 2146{,}75\,Bq$$

Die Äquivalentdosis des C-137 ist mit $1{,}38 \cdot 10^{-8}\,\frac{Sv}{Bq}$ gegeben.

$$2146{,}75\,Bq \cdot 1{,}38 \cdot 10^{-8}\,\frac{Sv}{Bq} = 2{,}96 \cdot 10^{-5}\,Sv \quad \text{oder anders ausgedrückt:}$$

ca. 0,03 mSv, was bereits einem Siebzigstel der natürlichen jährlichen Strahlenexposition in Deutschland entspricht.

Besser werden mit dem täglichen 10-Minuten-Training!

- Kleine Lernportionen: In 10 Minuten das Wichtigste draufhaben
- Mit vielen Übungen zu einem Schlüsselthema
- Leichte und schwere Übungen für mehr Lernerfolg

Deutsch

Texte lesen und verstehen
5. Klasse
ISBN 978-3-12-927652-5

Diktate
5./6. Klasse
ISBN 978-3-12-927386-9

Groß- und Kleinschreibung
5./6. Klasse
ISBN 978-3-12-927516-0

Texte schreiben
5./6. Klasse
ISBN 978-3-12-927388-3

Wortarten
5./6. Klasse
ISBN 978-3-12-927517-7

Satzglieder bestimmen
5.–7. Klasse
ISBN 978-3-12-927592-4

Zeichensetzung
5.–7. Klasse
ISBN 978-3-12-927566-5

Zeiten
5.–7. Klasse
ISBN 978-3-12-927574-0

Inhaltsangabe
6.–8. Klasse
ISBN 978-3-12-927299-2

Texte lesen und verstehen
6. Klasse
ISBN 978-3-12-927658-7

Diktate
7./8. Klasse
ISBN 978-3-12-927565-8

Gedichte untersuchen
7./8. Klasse
ISBN 978-3-12-927561-0

Englisch

Lese- und Hörverstehen
5. Klasse
ISBN 978-3-12-927638-9

Simple Present und Present Progressive
5. Klasse
ISBN 978-3-12-927625-9

Erste englische Texte schreiben
5./6. Klasse
ISBN 978-3-12-927518-4

Lese- und Hörverstehen
6. Klasse
ISBN 978-3-12-927506-1

Relative Clauses
6./7. Klasse
ISBN 978-3-12-927505-4

Simple Past und Present Perfect
6./7. Klasse
ISBN 978-3-12-927392-0

If-Clauses
6.–8. Klasse
ISBN 978-3-12-927634-1

Direct Speech - Indirect Speech
7./8. Klasse
ISBN 978-3-12-927519-1

Mathematik

Grundrechenarten
5. Klasse
ISBN 978-3-12-927394-4

Kopfrechnen
5. Klasse
ISBN 978-3-12-927595-5

Textaufgaben
5. Klasse
ISBN 978-3-12-927573-3

Flächen- und Körperberechnungen
5./6. Klasse
ISBN 978-3-12-927507-8

Rechnen mit Brüchen
5./6. Klasse
ISBN 978-3-12-927395-1

Dezimalbrüche
6. Klasse
ISBN 978-3-12-927584-9

Dreisatz
6./7. Klasse
ISBN 978-3-12-927583-2

Prozente und Zinsen
6.–8. Klasse
ISBN 978-3-12-927396-8

Gleichungen lösen
7.–10. Klasse
ISBN 978-3-12-927618-1

Rechnen mit Termen
7./8. Klasse
ISBN 978-3-12-927528-3

Chemie

Rechnen in Chemie
7.–10. Klasse
ISBN 978-3-12-927593-1

Latein

Verben konjugieren
1./2. Lernjahr
ISBN 978-3-12-927659-4